JN227208

望月 光

古典文法
講義の実況中継①

語学春秋社

はしがき

初心者にもわかりやすい文法の参考書を作りたい、その思いはずっと以前からありました。もちろん、いい本はこれまでにもたくさん出ています。それでいて、なおかつそんな思いを抱いたのは、私の勤めている予備校での次のような経験があったからでした。

毎年春になると、多くの受験生たちが講師室にやって来ます。春はみんなはりきっていますから、どの参考書がいいか聞きに来るのです。こちらなりに良いと思う本を勧めるのですが、彼らはなかなかくいついてくれません。

「先生が勧めてくれた本、あれはむずかしいわ!」

そこでまた別の本を勧める。やっぱりくいつかない……。そんなことを繰り返しているうちに、かれらの参考書に対して感じる違和感が少しずつのみこめてきました。

「ああ、今の若い人には、こんな本はもう使いこなせなくなっているんだ」と。

入試によく出る事柄を整理した本はあります。それを網羅した本も。しかし考えてみれば、文法は**何をどう覚え、覚えたことがどう役に立ち、何が必要で何がいらないかを明らかにした本**は、不思議と見あたらないのです。文法事項は集めてあっても、それを**かんでふくめるように説明した本**がない。そんな本を彼らはほしがっているんだ……。

そう思っていた矢先、語学春秋社からこの本の企画のお話をいただきました。仲介の労をとってくださったのは、出口汪先生。さっそく録音はしたものの、予備校講師はやはり日々の講義が第一となり、雑事にとりまぎれているうちに、いたずらに月日がたちました。やっとのことで本にまとめていただいて、受験生の良きナビであろうと願ったこの本が、どれだけその目的を達成しているかはわかりませんが、文法のとっかかりが見つからず情けない思いをしている高校生・受験生の皆さんの、少しでもお役に立つことができたら筆者としては大変うれしいことです。

なお、今回の改訂にあたって、内容の一部を現在の入試問題にあわせて書きかえました。また、受験生の使いやすさを考えて、巻末に「文法事項のまとめ」をつけていただくことにしました。その他にも、語学春秋社に寄せられた受験生からのご要望をもとに、編集部が細々したところに気を配ってリニューアル作業を進めてくださっています。おかげでたいへん勉強しやすい本に生まれかわり、著者としてはこんなにうれしいことはありません。

面倒な作業を念入りに進めてくださった編集部の藤原和則様をはじめ、出口汪先生、編集長、そして何から何まで面倒を見てくださった井村社長に、心から感謝申し上げます。

講義の内容①

講義の内容②

※「総索引」は第②巻の巻末についています。

講義を始めるにあたって

望月・トシ坊、ハナミチ、こんにちは。今日、受講者代表として君たちに来てもらったのは、君たちが古文がわかってないと見込んでのことや。しっかり頼むで。

二人・よろしく（笑）。

望月・ところでハナミチ、お前、国語の偏差値いくらある？

ハナミチ・わからんけど、30ぐらいかな。

望月・へー、ええ感じやん。さすがはバスケ部やな。トシ坊は？

トシ坊・最近模試受けてないからわからんけど、40切るぐらいかな。

望月・で、どこ受けんの？

トシ坊・早稲田大学。

望月・（爆笑）

トシ坊・それは失礼やで、先生。

ハナミチ・先生、こいつ英語はできるんやで。

望月・ほんまか。まあええわ、夢は大きいほうがなあ。ところで今日は〝講義を始めるにあたって〟というテーマで、授業の前にこれだけは知っといてほしいという**古典文法の基礎知識**を整理しようと思うんだけど、まずハナミチ、古典文法に出てくる品詞の名前、全部言ってごらん？

ハナミチ・えっと、名詞、動詞、形容詞……。

望月・えらい、えらい、それから？

ハナミチ・不定詞とかは英語やからなあ。

トシ坊・ハナミチ、お前ほんまに文法ヤバイね望月・（笑）。そんなことないって、最初はみんなそんなもんや。品詞は日本語の場合、全部で**十個**ある。

①名詞（代名詞）…「体言」
②動　詞
③形容詞
④形容動詞
…「用言」
⑤副　詞
⑥連体詞
⑦接続詞
⑧感動詞
⑨助　詞
⑩助動詞

望月・で、これは最初にはっきりさせときたいんだけど、いまここでは、品詞の名前を思い出してくれるだけでいいんです。個々の品詞についてのイメージが全然浮かばなくても、何のひけめも感じる必要はない。だいたい、これは前から思ってたことやけど、古典文法のテキストは、初めから無理な理屈が多すぎるねん。自立語とか付属語とか、文節がどうとか、そんなこと、文法になじみのないビギナーの子に言ってもわかるはずがないと思うんや。そりゃ、もちろん、最後には理解してもらわないと困るけど、ものには順序ってものがある。古典文法は、**シンプルなことから始めて、だんだん複雑なことに進まないとダメ**。それがぼくの考えやねん。トシ坊、そう思わへんか？

トシ坊・わからんけど、先生がそう言うんやったら、そうやろ。

望月・あのな（笑）、これ活字になるねんで。

もっと強く肯定してや。

トシ坊・確かに、文法書の説明は読みにくいわ。

望月・うん。で、品詞の名前を思い出すってことは、単純なことやけど、これは大切なことなんです。人間でも、友達になる時はまず名前を覚えるよな。たとえばぼくがハナミチと初めて出会って、桜木ハナミチ、そんな変な名前のヤツとは友達になれないって拒否したら、一生君とは他人のままやな。名前を覚えたら、その物とか事とかが自分の中で特別なものになる。特別なものと何度も出会っているうちに、今度はその性格がわかってくる。そうなったらしめたもんや。

だから文法でも、品詞に限らず、**最初のうちは理屈抜きで、ある程度ものの名前とか法則とかを覚えてあげないと、いつまでたっても理解は深まらない**。洋楽の好きな人は、好きになったきっかけを思い出してみて。最初に一曲いいな、と思ったら、そのミュージシャンの名前を覚えるやろ。海の向こうの名前やから、理屈抜きで、わけわからずに。そうしたらその人が自分にとって特別なものになるねん。今度、ラジオか何かで、DJがその人の名前を言って別な曲がかかったら、ビビッと反応して、なにかうれしかったりする。それでだんだん、理解が深まっていくわけやね。

ハナミチ・暗記が大事ということやな、やっぱり。

望月・うん。最初はある程度、それも仕方がない。ところで、ハナミチ。品詞の名前、大丈夫か。

ハナミチ・うん、だいたいいけるけど、**体言**って書いてるのは何?

望月・あ、ごめん。それ、名詞(代名詞)のニックネーム。

ハナミチ・だったら「**用言**」は動詞・形容詞・形容動詞のニックネーム?

望月・そう。

トシ坊・なんで代名詞に丸カッコ付いてるの？

望月・日本語の文法では**代名詞は名詞に含めて考える**から。

トシ坊・それなら品詞分解で「彼」って出てきたら、「名詞」って答えるの？

望月・そう。お前、頭いいね。

トシ坊・へえ、知らんかった。

望月・まあ、そんなんあんまり出えへんけどな。で、まあ、時間もないから先を急ぐと、われわれはこの第①巻の講義では、とりあえず今言った「用言」をやる。文法の一番おいしいところは助詞と助動詞なんだけど、とりあえず用言はその基本になるから。で、本日のメインテーマは、とりあえず動詞の活用。ハナミチ、**動詞の活用の種類**はいくつありますか？

ハナミチ・いくつって（笑）、未然、連用……。

望月・違うって。それは〝**活用形**〟や。

ハナミチ・先生、俺、あの「未然形」とかの意味がわかれへん。

望月・ああ、あれな。動詞って、ふつう動作を表すから動詞って言うよね。形もころころ変わりよる。たとえば「咲く」って動詞は、

咲かない。（**未然形**）
咲きおわる。（**連用形**）
咲く。（**終止形**）

というふうに、使い方によって形が変化するやろ。その形が変わることを**「活用」**って言うんです。で、それぞれの形に、昔の人が名前を付けたんや。「咲かない」と言ったら、「咲く」という動作が、まだ**未然の状態**やろ。だから「咲か」は**未然形**や。

「咲きおわる」と言ったら、「咲く」が**「おわる」という動詞（用言）に連絡していってる**。だから**連用形**。

「咲く」はそれで**文が終わる時の形**。だから**終止形**。そういう理屈で、未然形・連用形・終止形・連体形・已然形・

命令形という名前が付いているんです。

では、ハナミチ。**活用の種類**は？

ハナミチ・**四段活用、上一、上二、下一、下二、カ変、サ変、ナ変、ラ変。**

望月・すごい、すごい。古文の動詞の活用の種類は全部で九つある。

活用の種類

①**四段活用**
②**上一段活用**
③**上二段活用**
④**下一段活用**
⑤**下二段活用**
⑥**カ行変格活用**
⑦**サ行変格活用**
⑧**ナ行変格活用**
⑨**ラ行変格活用**

望月・じゃあ、今度はトシ坊。「書く」って何活用？

トシ坊・「ず」付けるんやろ？「書かず」やから、「四段」。

望月・「起く」は？

トシ坊・「起きず」やから、「上二段」。

望月・「寝《ぬ》」は？

トシ坊・「寝《ね》ず」で「下二段」。

望月・「見る」は？

トシ坊・「見ず」で「上二段」。

望月・あかんって。何でもかんでも「ず」を付けてどうすんねん。

「ず」を付けて見分けるもの

a につく……**四段**　（例）書か（a）ず

i につく……**上二**　（例）起き（i）ず

e につく……**下二**　（例）寝（e）ず

そのまま覚えておくもの

下一……「蹴《け》る」

上一……「きる・みる・にる・いる・ひる・ゐる」（〝**き・み・に・い・ひ・ゐる**〟と覚える）

カ変……「来《く》」（「～来」もある→「まうで来」など）

サ変……「す」「おはす」（「～す」もある→「旅す」「ものす」「感ず」など）

ナ変……「死ぬ」「往《い》ぬ」

ラ変……「あり」「居《を》り」「侍《はべ》り」「いまそかり」

望月・とまあこんなわけで、「見る」なんかは「上一段」と覚えとかないといけない。さて、それを覚えなおしてくれたら、今度は**活用**。活用もな、まる覚えしとくものと、パターンで覚えとくものの二通りがある。ちょっと図解しとこうか。

まる覚えするもの

「来」（カ変）＝「こ・き・く・くる・くれ・こ(よ)」
「す」（サ変）＝「せ・し・す・する・すれ・せよ」
「死ぬ」「往ぬ」（ナ変）＝「な・に・ぬ・ぬる・ぬれ・ね」
「あり」「居り」「侍り」「いまそかり」（ラ変）＝「ら・り・り・る・れ・れ」
「蹴る」（下一）＝「け・け・ける・ける・けれ・けよ」

パターンで覚えるもの

四段＝「a・i・u・u・e・e」
上二＝「i・i・u・uる・uれ・iよ」
下二＝「e・e・u・uる・uれ・eよ」
上一＝「i・i・iる・iる・iれ・iよ」

望月・これで何か質問ない？

ハナミチ・「まる覚えするもの」はいいけど、「パターンで覚えるもの」のほうがわからない。

望月・ハナミチはなんでもわからんって言うからかわいいな。じゃあ、**四段**で説明しようか。「書く」は四段やから「か《a》・き《i》・く《u》・く《u》・け《e》・け《e》」って活用するよな。「差す」も四段やから、「さ《a》・し《i》・す《u》・す《u》・せ《e》・せ《e》」って活用する。同じように「打つ」は「た《a》・ち《i》・つ《u》・つ《u》・て《e》・て《e》」。

ハナミチ・ああ、骨組みか。

望月・そうそう。四段はいっぱいあって、いちいち覚えてたら大変やから、**「a・i・u・u・e・e」**っていう基本パターンの骨組みで覚えといてってこと。「飛ぶ」は「ば・び・ぶ・ぶ・べ・べ」、「飲む」は「ま・み・む・む・め・め」。上二・下二・上一も同じ理屈。

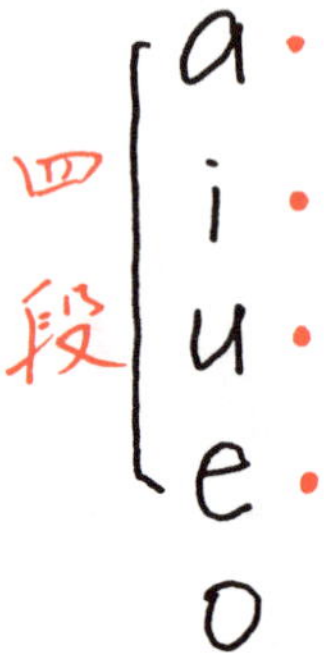

で、「四段」は「a・i・u・u・e・e」と、「aiueo」のうちの**四段にわたって活用**してるから四段活用。

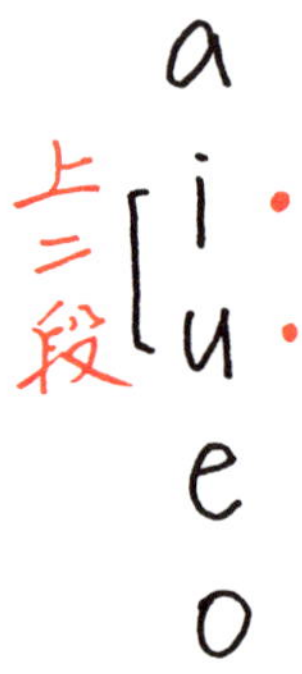

「上二段」は、「i・i・u・uる・uれ・iよ」と、まん中の「u」を入れて**上の二段で活用**してるから上二段活用。

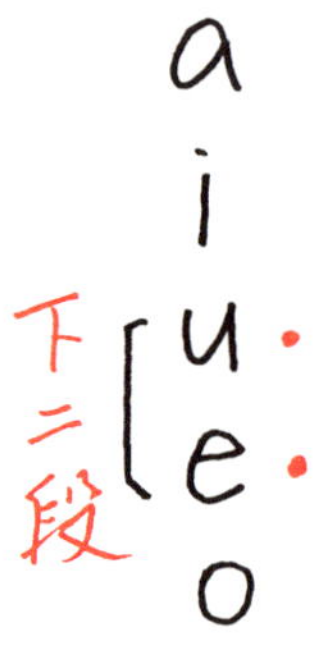

「下二段」は、「e・e・u・uる・uれ・eよ」で**下の二段**。

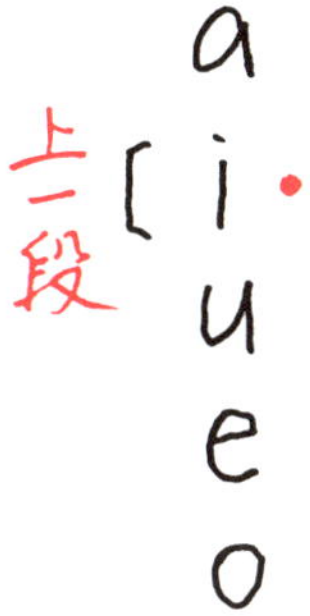

「上一段」は、「i・i・i・iる・iれ・iよ」と、まん中の「u」から上に一段あがった**「i」のところで活用**してるから上一段活用。そんなことも知ってると忘れた時に思い出しやすいと思う。トシ坊、ハナミチ、ごくろうさま。以上のことは、講義が始まる前にちゃんとマスターしといてよ。他の出席者の人たちには、この会話を活字にして読んでおいてもらうから。では、今日はここまで。

二人・ありがとう。

第1回 用言（動詞・形容詞・形容動詞）のポイント

はじめまして、**望月**です。

いやあ、実はこの授業は、古文なんかもうなんにもわからん、古文が外国語みたいに見える人でもわかる、そういう本を作ってくれということやったのに、顔ぶれ見たら、みなかしこそうやないか、ええ？　まあ、今日から『**古典文法講義**』ということで、授業を進めさせていただきます。

よく古文の先生はこんなことを言いますね。「とりあえず君ら、単語覚えなさいよ」と。ひとによって数違いますけど、「**最低二〇〇ぐらいは必要だ**」と。もちろん、それ以上、多ければ多いほどいい。確かに、学校のランクによっては、古文の入試は単語をたくさん知ってるだけで何とかなるというところがあるからね。

それと、今からわれわれがやる「**文法**」。これは「**受験生活始めたら最初の三か月、遅くとも半年ぐらいであげてしまいなさいよ**」と。で、この文法のツボになるのが、「**助動詞と助詞の用法**」です。これを軸にして、「項目にして**五〇項目**ぐらいのことは最初の頃にやってしまいなさいよ」とよく言われるわけです。

われわれが今からやろうとするのは、その文法の中でも、そんなに難しいことじゃなくて、言ってみれば〝**読むための文法**〟ね。これがわからなかったら、古文は読めない。そういう基本的なところをやっていきます。それから、入試頻出を予測しての〝**点取り文法**〟。文法をトータルにやって解釈力をつけるというのは確かに大事なことですけれども、入試ですから、点を落としてもらったのでは何にもならない。**何が出て何が出ないか、そのツボを心得ておく**というのも大事なことだと思うんです。ともかく、漠然と読んで漠然とわからないと言わないで、まず**形から入る**といい。単語と文法で古文の受験勉強のとっかかりをつける、それが賢い方法だと思います。

昔ぼくが一番最後に家庭教師した子ですけど、あれ何君だったかな……タカちゃんだ。タカちゃんという子に一番最後に家庭教師したんですよ。まあ家庭教師というようなもんはこう目の前に座るでしょ。それで訳させるでしょ。そうすると、アラが全部わかるんですね。最初「この子どれぐらい出来るんかな」と思って、今でも覚えていますけれど、『竹取物語』の一節を訳してみいと言った。皆さん、訳せますか。

「われこそ死なめとて（翁は）泣きののしる事、いと堪《た》へ難げなり」

話の状況は、かぐや姫が八月十五夜に月に帰る。その月に帰る直前に「おじいさん、長いことありがとう。私、もう月に帰らんとあきません。申しわけないけれども、お別れです」と。そう言いますと、翁がいまのように言うんですね。ハイ、訳してみい。それと一緒に単語も二つほどきいたんです。皆さんも、訳語を書いてごらん。次の単語。

「おほやけ」
「いとけなき子」

なんか君らを試すようで申しわけないですけど、ノートちょっと見せてもらおう。なるほどなあ。前の人たちはかしこいね。ずぶのしろうとの書くことじゃない。……うしろの彼は、ちょっとビギナー的やな。もうちょっと勉強したほうがいいかも。ハハハ…。

さあ、どんなもんでしょうか。

ぼくその子教えたときに「うわあ、これはものすごい受験生引きうけたなあ」と思ったものですが、まず単語のほうからいこうか。

「おほやけ」という古文単語は、公園の**「公」**という漢字を当てますね。どういう意味？

生徒・皇居。

「皇居」、そのとおりですね。**「宮中」**とか**「皇居」**とか**「天皇」**と書けばマル。これはよう出ることばやで。

それで、その家庭教師やった子に、ぼくどういうつもりでこれ聞いたかというと、「こいつ、単語どれくらい頭に入ってるのかな。文法・熟語ってどれぐらいわかってるのかな」と思ったわけ。そしたら、彼の答えにはぼく、びっくりしました。「おほやけ」が「大火事」って答えるんですよ（笑）。

で、「いとけなき子」といったら、これ**「幼い子」**という意味ですね。これを「全然毛が無いあかちゃん」とかね（笑）。

「われこそ死なめ」、これが究極でしたけど、これを「おまえこそ死ねと言って、翁はかぐや姫を泣いてののしった」って（爆笑）。

その子は「早稲田行きたい」、「上智行きたい」って、そういう東京指向の子なんだけど、まず「ののしる」を知らない。これを知らないから、翁がかぐや姫をののしったと言うんです。**「ののしる」**といったら、重要二〇〇語の中には必ず入る単語で、**「大声で騒ぐ」**ですよね。

もう一つ、文法力も全然足りない。「こそ」の結びは已然形、これを**「係り結び」**といいますが、これぐらいのことだったらみんな知ってますでしょ。「こそ」の結びは已然形。だけど、解釈の仕方を整理しといてくれないと困るんだよ。詳しくは、また、係助詞のところで説明しますが、**強意の「こそ」が出てきたら、消せ**。消すことによって、「死なめ」の「め」が「む」に戻る。戻ると**「われ死なむ」**になりますよね。そうすると、「私が死のう」と訳さないといけない。

それから、読解のための文法ということでいえば、**「とて」**とあったら、古典では**「言う」**、あるいは**「思ふ」**という**動詞の省略表現**だから、これを補って、**「と言って」「と思って」**と訳す。

で、「言う」とか「思ふ」を補ったうえで、「とて」の上に必ずいつもカギカッコを入れる習慣を付けていたら、**「翁が『私が死のう』と言って大声で泣き騒ぐ**

様子は、たいそうこらえかねた様子である」と訳せるだろうと思うんですね。

それでは、〝前置き〟はこれぐらいにいたしまして、問題に入っていきましょう。これから先のお話は、まあ、一種の〝**点取り文法**〟です。では、今から三〇秒あげますから、とりあえず解答してみてください。自分がこうだと思う解答を書いてみて。

問題1 **傍線を付した動詞の活用の種類は何か。**

(A) 年経《ふ》ればよはひは老いぬしかあれど花をし見ればもの思ひもなし （国学院大学）

(B) よしやよし今はうらみじ磯《いそ》に出でて漕《こ》ぎはなれ行くあまの小舟《をぶね》を （東洋大学）

「活用の種類」と「活用形」の区別

はい、それではいったん鉛筆を置いてください。ぼく今、たまたまこの左端の一列だけ見せていただいたんだけど、正解書いてる人はたった一人だけだ。

動詞については、最初、「講義を始めるにあたって」で、基礎的なことを一応おさらいしておいたはずだね。ともかくこれぐらいのことはみんな知ってるはずなんですよ。この問題、(A)が国学院大学、(B)が東洋大学ですね。入試問題になったら答えはわかっていても、答え方が悪いとちょっと具合が悪いんだ。問題文をもう一度見てください。**「動詞の活用の種類は何か」**って書いてますでしょ。「活用の種類」に波線入れてください。

入試問題で、特に文法問題の場合、**相手が何を聞いてるか**というのをはっきり確認しておきませんと、答えの内容は合っていてもバツ付けられたりする恐れがあるだろうと思うんです。

「**活用の種類は何か**」といわれたら、受験生として答えるときのエチケットは、はい、それは「**なんとか行、なんとか活用**」です。こう答えなあかんよ。なのに、皆さんのほとんどの解答は「○○活用」だけしか書いてない。大学によっては、「△行」を書かなかったら減点されるかもしれない。

それから、もっとはき違えた答えを書いてる人もいた。「未然形」とか「連用形」とか答えてるの。わかる？　未然形とか連用形とか答えるのは、「**傍線部分の動詞の活用形は何ですか**」と聞かれたときなんだよ。これも誤解しないように。

活用の答え方

- 「**活用の種類は？**」と問われたら、「**△行○○活用**」と答える。
(例)「ヤ行上二段活用」
- 「**活用形は？**」と問われたら、「**□□形**」と答える。
(例)「未然形」

間違いやすい「ヤ行」と「ワ行」

で、問題Ⓐでは、ぼく、もう一つ確認したかったことがあるんです。ちょっと皆さんに、これやってほしいんです。次の五十音図の「ア行」と「ヤ行」と「ワ行」の空所をうめよ。

あ□□□□
や□□□□
わ□□□□

「受験生のおれらにこんなことを聞くなんて、この先生、アホか」なんて思わずに、とにかくやってみて。ただし、現代かな遣いじゃなくて、古文のですよ。**歴史的かな遣い**のための五十音図の「ア行」と「ヤ行」と「ワ行」だよ。

望月・ちょっとノート見せてくれるか？　ようそんな……そんな字ない、日本には(笑)。そんなん、ない。モンゴルや、そんなん(笑)。みんなけっこうむちゃくちゃ書いてくれてるな。こんなんだと、模試だったら点引かれてしまうよ。

ア行は小学校のまんまですよね。気をつかって、なんか変な字書いてくれてる人もいるけど。で、ヤ行はこうですよ。

あいうえお
やいゆえよ
わゐうゑを

「や・い・ゆ・え・よ」ですよね。「や・ゆ・よ」って書いている人もいるけど、それは小学生の、現代かな遣いのための五十音図です。

最後のワ行は「わ・ゐ・う・ゑ・を」。ワ行だけこんな字使うんですね。「ゑ」っていう字、「る」書いてから波二つね。

これはハッキリさせといてもらわないと困る。でないと、問題を間違ってしまうから。動詞の活用の種類を聞かれる語というのは、入試問題じゃだいたい決まってるんですね。たとえば、(A)の傍線部の動詞はしょっちゅう出てきます。こんなのに対応するためには、ア行・ヤ行・ワ行の知識は不可欠です。

「活用の種類」の判別法

「講義を始めるにあたって」のところでもまとめておきましたけど、活用の種類を判断するには、**「ず」を付けてみればいい**んですよね。

たとえばいま出てきた動詞は「老い」ですけど、これは現代語の発想で結構です。「彼はいつまでたっても年老いないな」と今でも言うわけですから、皆さんは「**老いず**」とやって、**打消の「ず」が「i」の音に付いているから、「上二段」**というのはわかると思うんです。

問題は、活用の種類を答えるときには行を書かないといけないから、これが何行かということですけど、なんでこの動詞がよく出るかといったら、ちょっとこれ見て。

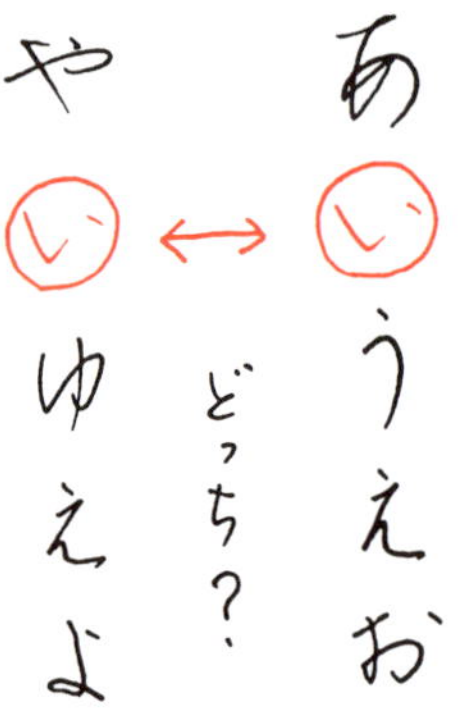

ア行にも「い」があるし、ヤ行にも「い」がある。だから、「老いて」の「い」がどっちの「い」なんだか、ちゃんと覚えておかないと区別がつきませんよね。**「老い」はヤ行の動詞で、終止形は「老ゆ」**なんだとはっきり覚えておかないといけない！

ここで、この「老ゆ」みたいに、**活用の種類を間違えやすい動詞**をちょっとまとめておきましょう。これは覚えておかないといけないよ。

活用の種類を誤りやすい動詞

(1) **ア行下二段活用**……**得《う》、心得《こころう》、所得《ところう》**（ふさわしい地位を占める）

(2) **ヤ行上二段活用**……**老《お》ゆ、悔《く》ゆ、報《むく》ゆ**

(3) **ワ行下二段活用**……**植《う》う、飢《う》う、据《す》う**（ものを置く）

「老いず」はア行かな、ヤ行かな、迷いますよね。そこで高校の一年ぐらいに、先生が**「ヤ行上二段」**になるのは世の中にたった三つしかない。**「老ゆ」「悔ゆ」「報ゆ」**。この三つはア行と混同しやすいから、これだけは覚えておけ、と言うわけ。で、これだけ覚えとけば、入試問題に出てきたときには「ヘン、それぐらい知ってるよ！」と、鼻で笑って答えましょうと(笑)。

あと間違えやすいのは、**「ア行下二段」**と**「ワ行下二段」**。それぞれ三つ覚えとかないといけないんですけど、皆さん、覚えてます？　もし知らなかったら、もう今日中に覚えてしまってください。

これは覚えといてよ、ほんとに。日本全国の受験生、みんな知ってると思うよ。古文の動詞っていうのはいくつあるか、数えたことないから知らんけど、ア行で活用する動詞といえばこの三つしかないんだよ、世の中にね。

だから、皆さんがもし、さっき出てきた問題の「老いず」の「い」、ひょっとして一瞬でもア行かなと思うことがなくなるんだよ。ア行の動詞は**「得」「心得」「所得」**の三つだけなんだから、「老い」の「い」がア行になるはずがない。同じ理屈でワ行下二段活用も、**「植う」、「飢う」**、それから「ものを置く」という意味の**「据う」**の三つ、これは覚えておきたいですね。

こういう基礎的な文法というのは、やっぱり夏休みになるまでにひととおりやり終えてしまうほうがいいですね。で、夏以降はもうどんどん読解のほうをやっていく。続いて(B)をごらんください。

(B) よしやよし今はうらみじ磯に出でて漕ぎはなれ行くあまの小舟を

これちょっと興味あるから、聞いてみよう。だれに聞こうか。

望月・博士《はかせ》どう？　「うらみ」の活用の種類、言ってくれるか？　変な答え言ったら、一生本に残るぞ。さあ、**「恨む」は何行何活用？**　なに緊張してんねん（笑）。フフ、博士緊張してるから、だれか代わってあげて。

生徒・マ行上二段活用。

マ行上二段活用。へえ、さすが大人の味ですね（笑）。その通りです。ま、この文はだれが見たって「今は恨まないでおこう」と訳すね。

これなんのために問題にとり上げたかと申しますと、現代人の動詞の感覚とはズレがあるために活用の種類を間違えやすい一部の動詞があるからなんです。

たとえば、いま問題に出てきた「恨む」ですが、皆さん、もし打ち消して言おうと思うと、「恨まない」になりませんか。だからこの発想で「ず」を付けて「恨まず」にしちゃうと、「a」につくから、四段活用と思うでしょう。

でも実際古典では、「恨まず」とはいわないんです。昔は**「恨みず」**と言った。これは今の感覚とは違うから、覚えといたほうがいいわけ。**「i」**の音に付きますので、**上二段活用**。

こんなんいっぱいあるんですよ。「恨む」だけじゃない。たとえば**「飽《あ》く」**という動詞。きみ、何行何活用と思う？　どう思う？

生徒・カ行四段活用。

その通り。現代の感覚ですと、この動詞は、「あいつ、いつまでも飽きないな」というふうに考えてしまう。打消の「ない」が「i」の音に付いてますから、上二段ということになってしまいかねない。だけど古典では現代の感覚とズレがあるんですね。**「飽かない」**と昔は言ったんです。「a」の音に付いてますから、彼女が言ったように**四段活用**なんです。

同じことが**「借る」**にも言えて、今だったら「借りない」というんですが、昔は**「借らず」**。そこで、これは**ラ行の四段活用**。こういう現代語とズレのあるような動詞で、まあ一番よく出るのが「恨む」です。

以上三つの他にも、間違えやすいものを加えて、次にまとめておきましょう。これはほんとに気をつけてください。

現代の感覚とはズレのある動詞

(1) **恨《うら》む**……マ行上二段活用
(2) **恋ふ**……ハ行上二段活用
(3) **旧《ふ》る**……ラ行上二段活用
(4) **飽《あ》く**……カ行四段活用
(5) **借る**……ラ行四段活用
(6) **足る**……ラ行四段活用

そこで**【問題1】**の解答を整理しますと、Ⓐが**「ヤ行上二段活用」**、Ⓑが**「マ行上二段活用」**。ついでに言っておきますけど、われわれ古文の教師も悪いんですが、答えるときにはちゃんと「上二段活用」と、きちんと書いて略さないようにしてくださいね。とくに「カ変」とか「サ変」という言い方、あれも、解答用紙に書くときは**「カ行変格活用」**、**「サ行変格活用」**と書くこと。それもお願いしておきます。

活用の種類を二つ持つ動詞

動詞の問題の定番としては、他にこんなものもありますね。**活用の種類を二つ持っている動詞。**

たとえば**「立つ」**は「立**た**ず」だから**四段活用**かというと、それだけじゃない。「立**て**ず」で、**下二段**にも活用するんです。こういうのは、覚えとかないとどうしようもない。

一般に、ある一つの動詞に四段と下二段の両方の活用がある場合には、意味も変わってきます。四段はその動詞のままの意味なんですが、下二段のほうは、それに使役の意味を加えないといけない。

「立つ」を使って、具体的にやってみましょう。

活用の種類を二つ持つ動詞

Ⅴ
- **四段 → そのままの意味**（自動詞）
- **下二段 → 四段＋使役**（他動詞）

（例）「立つ」
- 四段…**「立ツ」**
- 下二段…**「立タセル」**

「立つ」の四段は、そのままの意味ですから「立つ」。下二段のほうは、それに「使役」をプラスしますから**「立たせる」**、あるいは**「立たす」**です。で、四段のほうは「自分が立つ」のだから**“自動詞”**。下二段のほうは「人を立たせる」で、目的語をとるから**“他動詞”**、そういう決まりがあります。

「生く」なんていうのもそうやね。**四段**が**「生きる」**で、**下二段**が**「生かす」**。こんな動詞は他にもたくさんあるんですが、ありがたいことに、実際に入試ではごく限られた動詞しか問題になりません。

「頼《たの》む」
- **四段**……「アテニスル」「頼リニスル」
- **下二段**…「アテニサセル」「頼リニ思ワセル」

「被《かづ》く」
- **四段**……「カブル」「褒美《ほうび》ヲイタダク」
- **下二段**…「カブセル」「褒美ヲ与エル」

「慰《なぐさ》む」
- **四段**……「気分ガ晴レル」
- **下二段**…「気分ヲ晴ラス」

入試に出るもの順に、**「頼《たの》む」**と**「被《かづ》く」**と**「慰《なぐさ》む」**。**「被く」**は四段が「かぶる」で、下二段は「かぶせる」。ところが、四段にはもう一つ**「褒美をいただく」**という意味があり、下二段にも**「褒美を与える」**という意味があるんです。そして、こちらのほうが入試では大事です。

昔は目下のものがいいことをすると、目上の人、たとえば主人なんかが褒美として自分のジャケットをぬいで、家来の左肩にかけてやったんだね。だから、「かぶせる」は主人の動作なので「褒美を与える」、「かぶる」は家来が左肩にかぶるのだから、「褒美をいただく」ということです。どっちがどっちだかわからなくなったら、その古典常識を思い出してください。

以上のことは、本当に**入試頻出**です。出題形式は、**主にこれらの語が含まれている傍線部を訳させるか、活用の種類を聞くか**のどちらかです。

皆さんは、**ある種の動詞には四段と下二段の二つで活用するものがあって、それぞれ意味も違うという文法の法則を理解した上で、入試に出るこの三語をしっかり覚えておいてください。**覚えておかないとそんな問題、とても対応できないからね。

動詞そのものとして文法問題になるのは今整理したような程度なんですが、ほかの活用については、7ページに書いてある活用表を、きちんと押さえて記憶しておいていただきたい。

それでは、今から**「形容詞・形容動詞」**のごく基本的な話に入りましょう。

「形容詞」の基本事項

まず、形容詞の基本的な事柄を先に整理してから、**入試にどういうところが狙われるか**という話に移りたいと思います。

「形容詞」ですけど、現代語では「美しい」とか「大きい」とか「悲しい」とか、語尾が「い」で終わるんですね。だけど古典では、これが**「し」**で終わる。「美し」「悲し」です。時には「いみじ」なんていうふうに**「じ」**で終わるのもあります。

そういうことばが形容詞ですが、これは動詞に比べてずいぶん楽なんです。というのは、活用の種類が二つしかない。**「ク活用」**と**「シク活用」**。動詞は打消の「ず」を付けたり、いろいろやっかいな作業をしないといけなかったんですけど、形容詞については、活用の種類の見分け方は単純なんですね。たぶん、みんなこの辺はなんとなく覚えているでしょう。

「ク活用」「シク活用」の見分け方

ここに形容詞が一つあるとします。活用の種類を見分けるには、それに**「なる」**を付けて判断するんですね。

たとえば、形容詞「良し」が何活用か考えたいとしたら、**「良し」に「なる」という動詞を付けてみる。**「彼の成績は一生懸命勉強したから、最近良くなった」と、今でもわれわれは言うでしょう。この形は「なる」が**「く」**に付いている。そうすると、これは**「ク活用」**と判断する。

あるいは、「美し」という形容詞がある。これに「なる」を付けたらどうなるか。「彼女はこのごろダイエットして美しくなった」、こんなふうに言いますね。これは「なる」が**「しく」**に付いているから、**「シク活用」**。

じゃあ、ちょっと練習してみましょうか。そこの紫の服を着ている子。**「をかし」**の活用の種類を言ってみて。

生徒●**シク活用。**

望月●「をかしくなる」。シク活用ですね。**「うれし」**はどう？

生徒●**シク活用。**

形容詞の活用

「ク活用」、「シク活用」の見分け方

〝形容詞＋「なる」〟
…クなる「ク活用」　（例）良クなる
…シクなる「シク活用」　（例）美シクなる

望月・その通り。「うれしくなる」だからシク活用。「**はかなし**」は？

生徒・**ク活用。**

望月・うん、「はかなくなる」でク活用だね。では、「**おもしろし**」は？

生徒・**ク活用。**

望月・うん、「おもしろくなる」、ク活用。次、その女の子、「**長し**」の活用の種類、言ってみてくれるか？

生徒・**ク活用。**

望月・うん、「ながくなる」だからク活用。そうそう。ここで博士に聞こうか。「**いみじ**」は？

生徒・**シク活用。**

望月・そう、その通り。「ジク活用」って答えたらいけないいんですね（笑）。「じ」で終わる形容詞もありますけど、「いみじくなる」ということで、シク活用。

形容詞の活用

今ざっと聞いてみてみんなよくわかっていると思いますが、活用の種類の見分けがついたら、こんどは「**形容詞はどう活用するか**」ということなんですね。

そうですね、今「良し」書きましたから、「良し」でいきましょうか。さあ、形容詞「良し」はク活用ですけれど、どう活用します？

基本形	語幹	未然	連用	終止	連体	已然	命令
良し	良	○	く	し	き	けれ	○
		から	かり	○	かる	○	かれ

（未然～命令：活用語尾）

こうなるね。未然形のところは「○、から」と書きましたが、「く、から」と覚えておいても構いません。古文には未然形の「く」は出てこないという学者と、いや出てくるという学者がいて、今でも決着がついていないんです。でも、入試問題を解くという立場から言うと、「○、から」と覚えておいたほうが問題を間違えなくてすむので、ぼくはいつもこちらを勧めています。

で、「〇、から」から下のほうは活用語尾なんですけど、動物でいえば尾っぽですね。「良からず」になったり、「良かりけり」になったり。ころころ変わるこの形容詞の尾っぽみたいな部分が**活用語尾**。

活用表の一番上に書いてある**「良し」**、これが基本の形、**「基本形」**なわけです。じゃあ、その活用語尾が書いてある上の部分**「良」**。これ、なんて言うんやった？

生徒・**語幹。**

望月・うん、語幹。

語幹というのは、活用しても形の変わらない部分。「良からず」、「良くなる」、ね、活用しても形が変わってないでしょ。**基本形から終止形を引き算すれば出てきます。**「良し」引く「し」は「良」、これが語幹なんですね。

じゃ、ちょっと戻りましょ。受験生にいつも言うんですけど、**形容詞の活用表はク活用のほうを一個覚えといたらよろしい。**

で、「美し」という形容詞は「シク活用」ですけど、シク活用の場合は、結局、**終止形以外のところに「し」が増えているだけ**ですから。ク活用のほうを一個覚えとけば、なんとかなる。そこまで厳密にやろうとすると、文法しんどいですからね。

で、ここまでが基本なんですが、受験生にとっては「こんなこと知ってるわ、何を言い出すねん」と思うかもわからんけど、実際のところは案外、整理が出来てないものなんです。入試問題を解く時には、いまの活用のほかにちょっとこれ知っといてもらわんと具合が悪い。

「補助活用」の働き

今まで動詞の活用を見てたら、たいがい一行ですんでますよね。ところが形容詞って、二つに割ってあるでしょ。右と左に。これ、理由のあることで、名前が付いています。

基本形	語幹	未然	連用	終止	連体	已然	命令
良し	良	○	く	し	き	けれ	○
		から	かり	○	かる	○	かれ

▲本活用
▲補助活用（助動詞が付く）

形容詞本来の活用は、もともと右だけなんです。左のほうの活用の系列は、それを助けるためのサブの活用なんですね。**「補助活用」**といいます。人によっては、それを「カリ活用」って呼ぶ人もありますけど、この授業の中ではずっと**「本活用」、「補助活用」**と呼ぼうと思います。

入試問題で、「これは何活用と呼びますか」、「本活用です」とか、「左は何と呼びますか」「補助活用です」という問題はないからいいんですけど、役割は覚えとかないと、問題は解けません。

本活用については特に何も覚えておかなくてもいいんです。これが本来の活用で、本活用というぐらいだから、形容詞の普通の仕事をします。じゃ、左の**補助活用って、どういう意味で本活用を助けるの？** 仕事は何？ これを、案外みんな知らないんですね。

補助活用には「助動詞」がくっつく。ということは、**本活用のほうには、原則として助動詞は付かない**んです。もし忘れとったら「ああ、そうだったのか」と、思い出しておいてください。これ、いろんなところで使えます。二行ある活用はみんなそうです。

たとえば、「なむ」の識別ってあるよね。そういう問題を解く時にこの知識が必要。これからざっと話すことは、まだ今はわからなくていいですよ、話がそこまで行ってないですからね。ああそんなふうに使うのかと思って、聞いてください。

いろんな「なむ」があるから、「識別」って言いまして、この「なむ」は何の「なむ」で、この「なむ」はどういう「なむ」で、というふうに「なむ」を区別しなさいという問題をいずれ皆さんやることになる。その中で、覚えてもらわないといけないのは、**連用形に付く「なむ」は一語じゃなくて、「な」と「む」に分かれる**ということ。「な」が**完了**で、「む」は**推量**です。これ、今覚えなくていいですよ。

これを解くときに今言ったことを知らないと困るんです。活用を覚えとったら、「良く」の「く」は連用形でしょ。「良かり」の「かり」も、やっぱり連用形でしょ。「本活用」と「補助活用」の役割を知らなかったら、どっちの解答も、こうなりますよね。

良く（用）な（完）む（推）……（×）

良かり（用）な（完）む（推）……（○）

でも、そんなバカなことないですよ。**「良かりなむ」**の「な」が**完了**で、「む」が**推量**という解答は正解ですけれど、「良くなむ」はバツです。補助活用の下には助動詞が付きますけど、本活用の下には付かないんですから、いくら連用形でも、**本活用の「良く」の下に完了の助動詞はこられない**んです。では、この「なむ」は何かといえば、これは**「係助詞」**なんですね。

良く（用）なむ（係助詞）……（○）

なんで「係助詞」になるかというのは、第②巻の「なむ」の識別のところで、また改めてお話しいたします。

さて、以上が、**形容詞についての基本事項**。ただ、基本という範囲をどこまでもっていくか問題なんですけど、やっぱり最終的には、**文章題を読みながら徐々に理解を深めていく**のが本来ですね。今はとりあえず、その文章題を読む以前の、なんていうのかな、テニスでいったら、まずラケットと球がなかったら練習できないわけですから、そのラケットと球を、この授業でまず皆さんにお渡しして、その振り方については、またその後で、読みながらやりたいなと思うんです。

「形容動詞」の基本事項

さて、それでは形容詞の基本的な話が終わったんですが、形容詞の親戚に**「形容動詞」**というのがありますでしょ。その話にいこう。

で、これもいつも言うんですけど、形容動詞って**〝どういうことば〟**で、文の中で**〝どんな役割をするのか〟**というのは、徐々にわかればいいんですよ。

とにかく「形容動詞」という品詞は、活用の種類は形容詞と同じように楽で、**「ナリ活用」**と**「タリ活用」**という二つの活用しかない。で、このナリ活用とタリ活用の区分けは、それこそ言うだけ失礼みたいなもんで、「静かなり」と書いてあったらナリ活用。「堂々たり」と、これ形容動詞ですけれど、「たり」が付いているからこれはタリ活用。見ればわかります。ですから、形容動詞の活用の種類を聞く問題なんか、今まで入試に出たことない。

形容動詞

活用の種類

(1) **ナリ活用…静かなり**（和語）

(2) **タリ活用…堂々たり**（漢語）

よく文法書を見ると、ナリ活用は「静か」みたいな和語（日本語）に付いて、タリ活用は「堂々」みたいな漢語（中国語）に付くとある。

「静か」って日本語ですよね。「堂々」っていうのは、中国人がいう言葉なんですね。漢字で書いてありますから。こういう区別も、別に知らなきゃ知らないで、どうってことない。もうひとつ気楽にしたら、タリ活用の形容動詞が入試問題になっているのを、ぼくはほとんど見たことないんです。ま、常識としてそんなのは高校で習うから、「ああ、そうだったな」という程度で結構です。

むしろ形容動詞で大事なことは、これから助動詞を勉強しますけれども、その時のために、活用はきちんと言えるようにしておこう、ということ。**動詞・形容詞・形容動詞、この三つの活用は、ちゃんと覚えておく**と助動詞の活用を覚えるのが楽になりますからね。

基本形	語幹	未然	連用	終止	連体	已然	命令
静かなり	静か	なら	なり に	なり	なる	なれ	なれ

これが**「ナリ活用」**です。で、語幹のところは、基本形から終止形を引きますと、「静か」。

ちなみに、**「タリ活用」**のほう。これも、確認だけはしていきたいと思います。「堂々たり」でいきましょうか。

基本形	語幹	未然	連用	終止	連体	已然	命令
堂々たり	堂々	たら	たり と	たり	たる	たれ	たれ

ナリ活用を覚えといたら、タリ活用のほうも基本的には同じです。動詞の活用を覚えてくれてたら、「り」で終わることばというのは、助動詞であろうが形容動詞であろうが、基本的にはラ変と同じで、「ら・り・り・る・れ・れ」なんです。

大事なことは、**ナリ活用は連用形に「に」**があって、**タリ活用は連用形に「と」**がある。これだけきちんと押さえといてもらったら、まあ覚えるのはそんなに手間はいらないと思います。

さて、以上が「形容詞・形容動詞」の基本の基本でした。この基本を押さえたところで皆さんに、今まで高校なんかで無理やり覚えさせられたこの知識が、**どんなふうに入試問題にかかわってくるのか**ということを確認したいと思います。じゃあ、**【問題2】**を見てください。

問題2

傍線部を口語訳せよ。

山高み見つつわが来し桜花風は心にまかすべらなり

「傍線部を口語訳せよ」とあります。そうですね、時間、一分いるかな。訳してみてください。

はい、結構です。今、ちょっと一列半ぐらい見せてもらいましたけど、正解は二人いたな。高校生と大人一人とね（笑）。やっぱり、この辺になると入試のための知識の整理ができてないのかな。

さきほど形容詞の基礎の基礎のことを確認しましたね。活用はこうでしたと。で、この形容詞そのものが入試に出てくるとしたら直接出るんじゃなくて**その知識を使う**んだと言いましたね。**「本活用」**と**「補助活用」**のことが〝**ポイントの一**〟ならば、もう一つ、問題によくなるのが、ここです。

形容詞は「語幹」に気をつけなあかん。入試問題では、ここが問われるんです。みんな、語幹なんかオマケみたいに思ってるでしょ。別にあってもなくてもいいくらいにね。だけど、語幹の知識、これは必要なんですよ。

文法事項として**「語幹の用法」**という項目がある。毎年受験生を教えていますが、この辺になると知識があやしくなってくるんです。まず、一番よく出るところからいくよ。

まず、こんな構文がある（↓次ページカコミ）。「A**をBみ**」の構文というんや。知ってる？　これで、なんか思い出した？

生徒・それだけ思い出した。

望月・それだけ思い出したん（笑）？　いや、それでも立派なもんだよ！

語幹の用法①

☀「を・み」構文（和歌のみに使われる！）

A（を）Bみ＝AガBナノデ
（Bみ：語幹）
（を）→省略可

（例）山（を）高み＝山ガ高イノデ

この「AをBみ」は、Aのところに名詞がきて、Bのところに形容詞の語幹がきます（シク活用は終止形）。訳は「AがBナノデ」。たとえば「川を浅み」なら、「浅」は形容詞「浅し」の語幹。訳は「川が浅いので」です。

これは頻出事項。絶対、覚えとかないとダメ。

だけどこれって、特に高校生の人には注意してもらいたいんだけど、だいたい古文の勉強というのは、多くの人は英語やって社会やって、私大文系の人なんかの場合、十月か十一月ぐらいからあわてて公式集みたいなのを買ってきて、大急ぎで覚えますでしょう。ところが、きちんと理解してませんと、問題解く時に、すっと頭に出てこないんですね。たとえば、この［問題2］なんかきちんと「AをBみ」にはなっていないでしょう。「を」がなくて、「ABみ」になってる。

「AをBみ」はただ訳せるだけじゃなくて、次のことを押さえとかないかん。「AをBみ」は**必ず和歌に出てくる。**というより、「和歌にしか使わない」。普通の文章の中では、特別な修辞技巧、特別な発想で書かないかぎり出てこないんです。で、和歌でしか出てこないので、ちょっとおもしろいことが起こるんですよ。

たとえば、この「を・み」構文で、高校卒業した人ならみんな知ってると思いますけど、百人一首の、

瀬を速み　岩にせかるる　滝川の
われても末に　あはんとぞ思ふ
（川瀬の流れが速いので、岩にせきとめられる急流が二つに分かれても、後には再び出会うように、あなたと今は別れても、いつかはきっと一緒になろうと思います）

という歌がありますね。「瀬を速み」――瀬の流れが速いので。「AをBみ」ですよ。

この場合、字数を数えてみると、なんの問題もないんです。「せ・を・は・や・み」で五文字。和歌って、五・七・五・七・七でしょ。だからたとえば昔の人が、「瀬の流れが速いので」というこのワンセットのことばを五・七・五・七・七の「五」の部分に入れようと思うたら、ピッタリ入るんです。音が五つですからね。

ところが、昔の人が「うーん、山が高いので君のところへ行きたいけど行かれない」というような和歌が書きたいとして、これをここへ入れようとすると無理があるんです。「山《ヤ・マ》を《ヲ》高《タ・カ》み《ミ》」だから、音を勘定したら六つ。この六つを五七五七七の「五」の部分に入れようとすると、一個無理がある。そういうときに、昔の人はどうしたかといったら、「それじゃ一個、字を消したらええねん」と、この**「を」**を省略したんですよ。「を」を省略して、「山高み」なら、うまく「五」の部分に入る。

で、皆さんには非常に申しわけないけれども、この**「を」が省略された形が、こうして入試によく出てくるんです。**「山高《ヤマタカ》み《ミ》」というふうにね。「AをBみ」じゃなくて「ABみ」の形。

だから皆さんは、この「を・み」構文は、「AがBなので」という理由・原因を表す構文だと言うことを覚えておくだけじゃなくて、**この構文は和歌で使うから、字数の関係上「を」は省略されて出てくることがある。**しかも省略された時に、意地の悪いことに、傍線引っぱって問いにすることが多い。そういうことをちゃんと覚えといて、これからひっかけられないようにしてほしいんです。

もちろんこの問題は、本来、「山を高み」のはずですから、正解は「山が高いので」となります。

問題3 傍線部を口語訳せよ。

「あな、かま。人に聞かすな」

続いて、**語幹の用法②**です。このあたりになりますと、よう勉強している人でも知識抜けている人、多いんですね。**[問題3]**ですけど、英語に感嘆文ってあるでしょ。日本であんまり感嘆文って言わないんですけどね。ぼくも**「感動文」**って呼んでるんです。

古典で、もし古文作文というようなもんがあったとしたら、昔の日本人が感動する時には、まず感動詞の**「あな」**を言うね。これ、現代語の**「ああ」**にあたります。それからその下に、先ほど言いましたように、形容詞とか形容動詞の**語幹**を入れるんです。**「ああ、なんと～」**と。

古典文法でこういうことが書いてあると、えらい難しい理屈のようですけど、われわれは今でも感動する時、語幹だけで言いますでしょ。

語幹の用法②

感動文

あな、（語幹）**。**＝**「アア、——！」**

（例）**あな、かま。**＝〝ああ、うるさい〟の意から「シッ、静カニ！」

たとえば、皆さんのお母さんが、風呂をかき回して、ほんまに熱いとこに手を突っ込んでしまったら、「ああ、熱い」とは言わないですね。「ああ、あつっ！」でしょうね（笑）。皆さんでも、友だちとぶらぶら歩いとって、向こうからほんまに気色悪い人が来たら、「わっ、きしょっ」って言いますでしょ（笑）。あれですよ。昔の人も一緒なんです。「ああ、あつっ！」とか「ああ、しんど！」とかね。「あな、しんどし」とは言わないんです。「あなしんど」、これで止めるわけです。

だから、そのことを知っていたら、この問題でも、「ああ『あな』出てきてる、『かま』出てきてる」と。「なんやこれ？」と言わないで、**「これ感動文だから、この『かま』は形容詞の語幹だろう」**と見当がつくんです。はっきりしなかったら、**元の形を復元したらええ。「あなかまし」**ですよ。

そうしますと、「あな」は「ああ」、「かまし」といったら今でも「じゃかましい」って言いますね。「やかましい」、「うるさい」。これが直訳なんですが、人間って、「やっかましい！　うるさい！」と言ったら、気持ちとしてうるさいやつを静かにさせるときに使います。だから古文単語帳なんか買ってくると、「シャラップ」、「しっ、静かにしなさい」という意味がのっています。入試問題として解答する時には、こちらの訳語で覚えておいてください。

この感動文の中で、**一番よく出る表現は「あな、かま」**です。入試によく出るツボの一つとしてこの慣用表現は必ず覚えておくこと。

では、あと一つです。これはまあ、そんなによく出るわけでもないんですけど、三つ目の語幹の使い方として、こんなものがあるんです。

語幹の用法③

語幹
高さ

語幹
おもしろみ

→ 名詞化

＊語幹に「さ」「み」が付いて名詞化される。

たとえば、なんでもいいですけれども、「高し」、「おもしろし」でいきましょうか。「高し」の語幹は「高」、「おもしろし」の語幹は「おもしろ」。この「高」とか「おもしろ」の語幹に、「さ」とか「み」とかいったことばが付くことがあるんですね。**「高さ」「おもしろみ」**。よく品詞分解の問題でこれらが出た時には、「高」や「おもしろ」のところで切ってしまったりする子がいるんですが、これは**全体で一語**です。「高さ」で一語の名詞。「おもしろみ」でも一語の名詞。

シク活用の場合は終止形に付いて、「美しさ」「悲しみ」というふうになることもあるんですが、これなんかは特に、「美し」「悲し」のところで切ってしまう人が多い。要はそうした**語幹や終止形に「さ」「み」が付きますと、全体が名詞化されるということ**。「さ・み」のように上のことばにくっついて何らかの意味を添え、全体で一つの品詞になることばを**「接尾語」**と言います。「さ・み」は、上のことばを名詞化する接尾語。品詞分解の問題やったら、「高さ」ときたら、これで一つの名詞として切らないといけない。「おもしろみ」だと、「み」が付いて名詞化されますので、

「おもしろみ」全体、丸ごと、これ全部で「名詞」と解答できるようにしておいてください。

問題1■全訳・答

(A) 年月が経ったので、私はすっかり年老いてしまった。そうではあるけれど、この桜の花を見ていると、なにも思いわずらうことがない気持ちになる。

《答　ヤ行上二段活用》

(B) ええもうどうなろうとも恨んだりはしないでおきましょう。あなたは磯から漕ぎ離れてゆく海人《あま》の小舟のように、私から去ってゆくのですから。

《答　マ行上二段活用》

問題2■全訳・答

山が高いので名残りを惜しんで、遠くからながめながら帰って来たあの桜の花を、風は思いのままに散らしているようだ。

問題3■全訳・答

しっ、静かに。人に聞かせてはいけない。

第2回 「助動詞」の活用と接続

では、始めましょう。古文の先生が「文法」というときに意識しているのは、ほとんどが**「助動詞」**と**「助詞」**なんです。これについて勉強していきましょうか。

まず、助動詞の話をしますけれど、高校でも、ほんとにいい先生というのは助動詞のことについては妥協なさらなくて、小テストして、覚えないと帰さんような先生もいらっしゃいます。これはほんまに大事なんです。で、どれぐらい大事かというお話をしますので、ちょっと認識を改めてもらいたいと思うんです。

「助動詞・助詞」の使用頻度

たとえば**『源氏物語』**という作品がありますね。国文科へ入って、先生が最初にぼくに何を言ったかというと、「とにかく授業はいいから君、二週間ほどで『源氏物語』を全部読んでこい」と言うんです。「そんなもん、読んで先生どないしますねん」って言ったら、「源氏読めたらあとのもんはたいがい何でも読めるから、これを先にやってこい」と。

確かに、これ読みこなせたら、ほかのものを読むときずいぶん楽だと思うんです。ある意味では、古文の一番オーソドックスなものです。で、まあ難しいといえば難しい。ところで博士、『源氏物語』は全部で何巻ある？

生徒・**五十四帖。**

望月・わあ、すごい。やっぱり博士ですね（笑）。

『源氏物語』は**「源氏五十四帖」**といいまして、全部で五十四巻あるんです。これを東京の国語学の先生が、冒頭の「いずれの御時にか」からずうっと切っていったら、全部で**約四〇万語**のことばで出来とったそうです。

で、「講義を始めるにあたって」のところに書きましたけど、日本語って品詞の数が全部で十ありますね。

名詞・動詞・形容詞・形容動詞・副詞・連体詞・接続詞・感動詞・助動詞・助詞

この十個です。日本語の、どのことばも、全部分類していったら、この中のどこかに入ります。

それだったら、なんで古典の先生が「助動詞」と「助詞」、この二つの使い方をそんなに強調するかというと、たとえば『源氏物語』で使われている四〇万語を下のように右と左に分けてみる。実はこれ、勘定してみたらこうなったようです。

助詞・助動詞が約半分で二〇万。それ以外の八つの品詞が約二〇万。足して四〇万語。ちょうど半分ですよ。

ただ、助詞・助動詞が二〇万といったってこれ、たとえば同じ「けり」なら「けり」が千回出てきたら千全部を勘定してありますから、一個のことばを一種類として換算すると、**この二〇万の中の内訳は五〇項目ぐらい。その五〇項目ぐらいが、手を変え品を変え、二〇万回出てくる**わけですね。

単純にこれ、数だけの面から言っても、この助詞・助動詞の五〇項目そこそこの知識がなかったら、源氏物語のどっかをパッと開いたとき、半分のことばはわからないということになる。逆に言うと、**この五〇個**

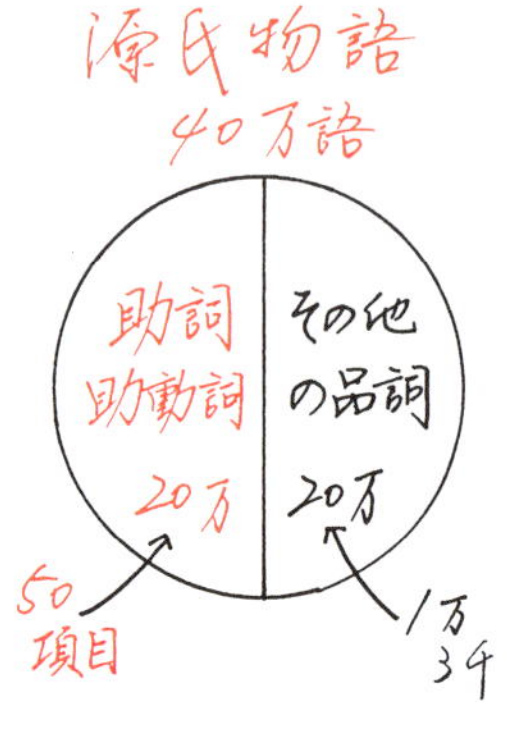

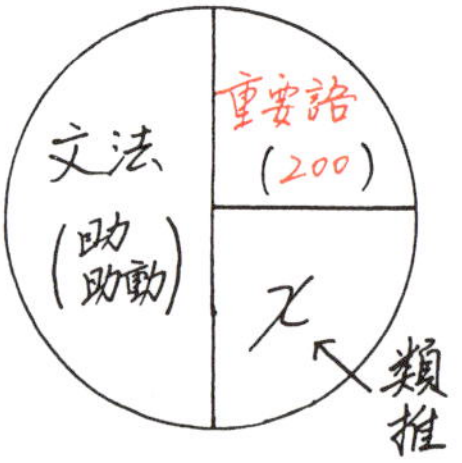

をきっちり理解しておけば、ある部分をパッと出されたって、半分のことばはおなじみです。たった五〇項目で、二〇万回おいしい思いができるとなれば、これはもう、勉強しとかないと損ですね。

じゃあ、助詞・助動詞以外の二〇万個はどうするかですけれども、これもやっぱり、「いと」なら「いと」が千回出てきたら、それを全部勘定してありますから、一つのことばを一回しかカウントしないとすると、種類としては一万三千個ぐらいということになるんです。

この一万三千もの単語を覚えることは不可能だから、その中で**使用頻度の高い二〇〇個ぐらいのことばを選んで覚えておこう。**それがいわゆる**「重要単語」**です。そういう頻出語は、『源氏物語』の中で百回も二百回も、場合によっては、千回も二千回も出てくる。

それを覚えてもなお、知らない単語は残りますけど、**わからないところは類推すればいい。助詞・助動詞をマスターして50%。重要単語を覚えて75%。それだけやれば、xとして残る25%のことばくらい、なんとか類推できます。**

というわけで、第①巻のこれからの講義は、古文の中でものすごく大きな比重を占める助動詞と助詞を征服していくことがメインテーマになります。

まず**助動詞**です。助動詞にはいろんなものがありますが、そのおのおのを勉強するときのポイントは、

① 活用 ② 接続 ③ 意味

この三本柱は、どの助動詞についても全部きっちり整理しておく必要があります。

この三つを勉強する時の手順として、たとえば、この講義の中で最初に扱う助動詞「き・けり」ですけれど、これやるときにいちいち、「ハイ、『き』の活用はこんなんで『けり』の活用はこんなんです。『き』の接続はこうで『けり』の接続はこうです。『き』の意味はこうで『けり』の意味はこうです」と一つひとつ別個にやっていくよりも、**「活用」と「接続」については、先にまとめてやってしまうほうが、ぼくは要領がいいと思う。**

助動詞の「活用」

ということで、とりあえず**活用の話**からいきますが、助動詞の活用をタイプごとに整理したものをまずごらんください。

◎助動詞の活用

(A) 動詞型	四段	む らむ けむ
	下二	る らる す さす しむ つ
	ナ変	ぬ
	ラ変	たり り けり めり なり
(B) 形容詞型		まほし たし べし まじ ごとし
(C) 特殊型		ず き まし

(A)(B)→用言と同じ　(C)→新たに覚える

＊注意……「じ」、「らし」は無変化である。

「**動詞・形容詞・形容動詞**」、これらをまとめて「**用言**」と言いましたよね。ぼくの講義では、前回やったこれらの活用は、もう口うるさく言って、講義の冒頭の一週目か二週目に小テストして、必ずしっかり覚えてもらうことにしているんです。これさえ覚えてもらったら、助動詞の活用で新たに覚えるのは、上の表にある、「**ず**」「**き**」「**まし**」の三つでいいということになる。

(A) 動詞型（ラ変型活用）

たとえば、「あり／居《を》り／侍《はべ》り／いまそかり」という**ラ変の動詞**がありますけれど、あの活用は「**ら・り・り・る・れ・れ**」ですよね。あれ一つ知っといたら、助動詞の「たり」、「り」、「けり」、「めり」、「なり」のような「り」で終わるやつは、原則としてみなこうなんです。ちょっと表を見てくれる？

助動詞	未然	連用	終止	連体	已然	命令
ラ変	**ら**	**り**	**り**	**る**	**れ**	**れ**
たり	たら	たり	たり	たる	たれ	たれ
り	ら	り	り	る	れ	れ
けり	けら	○	けり	ける	けれ	○
めり	○	めり	めり	める	めれ	○
なり	○	なり	なり	なる	なれ	○

「たり」は「た**ら**・たり・た**り**・た**る**・た**れ**・た**れ**」。基本の活用の上に**「た」が付いてるだけ**。それから、「り」は全く同じ。「けり」は「け**ら**・○・け**り**・け**る**・け**れ**・○」。

ときどき細かいことを気にする人がいて、「先生は『ら・り・り・る・れ・れ』やから別にいちいち覚えなくていいって言うけど、『けり』は連用形と命令形がないから、『ら・り・り・る・れ・れ』やったらおかしいやんか」っていうんですが、そんなのは、もうだいたいでいいと思うんです。専門家になるとか、古文の先生になるんじゃないかぎり、入試問題を解くうえでは「けら・けり・けり・ける・けれ・けれ」と覚えて、それで解いたところで間違わない。○のところは出てこないんですから、ここらあたりはおおらかにやってください。

だから、これを**全部きっちり覚えようとするからしんどいんで、もうアバウトでいい。勉強進めていくうちに、必要があればだんだんはっきりさせていく、それでいいと思います。**

Ⓐ動詞型（ナ変型活用）

次に、**「ナ変型」**はどんなかっていうと、これは簡単ですよね。**「な・に・ぬ・ぬる・ぬれ・ね」**。そうすると、助動詞「ぬ」は全く同じ。

助動詞	未然	連用	終止	連体	已然	命令
ナ変	な	に	ぬ	ぬる	ぬれ	ね
ぬ	な	に	ぬ	ぬる	ぬれ	ね

Ⓐ動詞型（四段活用・下二段活用）

「む／らむ／けむ」（四段活用）、「る／らる／す／さす／しむ／つ」（下二段活用）とあります。今、ザッと目を通してみてください。動詞の活用をしっかり覚えていたら、そんなに抵抗はないと思います。特に下二段は、みんな同じリズムなんだから。

助動詞	未然	連用	終止	連体	已然	命令
四段	a	i	u	u	e	e
む	○	○	む	む	め	○

助動詞	未然	連用	終止	連体	已然	命令
らむ	○	○	らむ	らむ	らめ	○
けむ	○	○	けむ	けむ	けめ	○

助動詞	未然	連用	終止	連体	已然	命令
下二	e	e	u	uる	uれ	eよ
る	れ	れ	る	るる	るれ	れよ
らる	られ	られ	らる	らるる	らるれ	られよ
す	せ	せ	す	する	すれ	せよ
さす	させ	させ	さす	さする	さすれ	させよ
しむ	しめ	しめ	しむ	しむる	しむれ	しめよ
つ	て	て	つ	つる	つれ	てよ

(B) 形容詞型

「し」で終わる助動詞、「まほし」から「ごとし」まで五つありますが、これは全部形容詞**「○・く・し・き・けれ・○」「から・かり・○・かる・○・かれ」**でいいわけです。命令形がなかったり、已然形がなかったりしますが、そんなもん大体でいいですよ。

助動詞	未然	連用	終止	連体	已然	命令
形容詞	○ / から	く / かり	し / ○	き / かる	けれ / ○	○ / かれ
まほし	○ / まほしから	まほしく / まほしかり	まほし / ○	まほしき / まほしかる	まほしけれ / ○	○
たし	○ / たから	たく / たかり	たし / ○	たき / たかる	たけれ / ○	○
べし	○ / べから	べく / べかり	べし / ○	べき / べかる	べけれ / ○	○
まじ	○ / まじから	まじく / まじかり	まじ / ○	まじき / まじかる	まじけれ / ○	○
ごとし	○	ごとく	ごとし	ごとき	○	○

この辺は出てくるたびに、必要に応じてチラチラ見てたら、まあ三か月あればなんとかなるやろ。だからぼくは、こういうもんについては**無理に覚えてもらおうと思わない**んです。ここはもう、だいたいでいいってください。

(C) 特殊型

しかし、だいたいでは困るのが、**(C)の特殊型**です。表をちょっと見てください。

助動詞	未然	連用	終止	連体	已然	命令
ず	○	ず	ず	ぬ	ね	○
	ざら	ざり	○	ざる	ざれ	ざれ

助動詞	未然	連用	終止	連体	已然	命令
き	せ	○	き	し	しか	○

助動詞	未然	連用	終止	連体	已然	命令
まし	ませ ましか	○	まし	まし	ましか	○

助動詞の「**ず**」と「**き**」と「**まし**」。これはマーカーで印をつけておいていただきたい。この三つについては、申しわけないけど、皆さん正確に記憶してもらわないと、今まで勉強した「動詞・形容詞・形容動詞」の中には同じ活用がないねん。だからめんどくさいけど、助動詞勉強するときの第一歩として、**この特殊型、「ず」と「き」と「まし」の三つだけはほんとに正確に暗記していただかないと困る。**

気のきいた塾だったら、高校入試をひかえた中学生に、「ず・き・まし」の活用だけは覚えこませるみたいですね。皆さんもがんばりましょう。

助動詞の「接続」

さあ、活用はそんなことでこの(A)、(B)、(C)の三つをしっかりやっていただいたら、あとはまあ自然となんとかなるやろう。

で、次、**「接続」**なんですが、**接続ってどういうことか、意味わかる?** わかってる子、手上げて。これ、手上げにくいな。なんとなくわかるけど、はっきりイメージはわいてこないという人、手上げて。あ、いっぱいいる(笑)。

じゃあ、次の**【問題】**をちょっとやってみてください。

これは高校でも接続教える時に、先生がこの歌で皆さんを脅しますので、ごらんになったことのある人もいるかもしれない。この歌は『**古今和歌集**』という和歌のアルバムの中の一首です。

いずれちゃんと勉強しますけど、ヒントとして、ここに出てきた**「らむ」**って助動詞です。この助動詞は**「現在推量」**と呼ばれていて、一般に**「〜いるだろう」**と訳します。

じゃあ、これをヒントにして、訳してみて。

問題　**次の傍線部を口語訳せよ。**

夕月夜　小倉の山に鳴く鹿の　声のうちにや　<u>秋はくるらむ</u>

この列を見せてもらおう。……なるほど。はい、わかりました。では、鉛筆を置いてちょっと前を見てください。

今は基礎の話ですから、この歌の解釈というのはちょっとおいときます。まあ**「秋はくるらむ」**の部分についてだけとってみれば、今見てみますと、ごく一部の人を除いて、こう訳しているんですね。「秋は来ているだろう」とか「秋は来るだろう」と。だけどこれはダメです。これはあかん。

助動詞の接続の覚え方

そもそも**助動詞**というのは、名前がその意味をよく表していて、**「動詞を助ける」**のが基本的な役割だから助動詞ですよね。それなら助動詞の原則は**動詞に付く**ということでしょ。そういうふうに動詞に助動詞がくっつくことを、難しく言えば**「接続」**というんです。

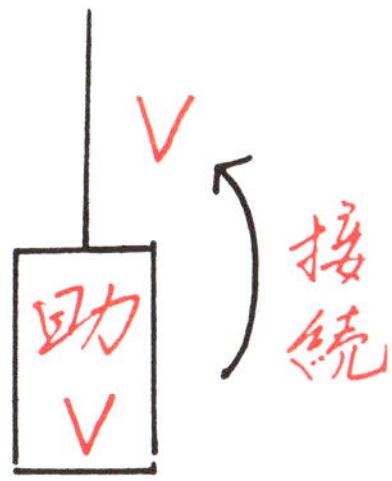

たとえば、「む」なら**「む」という助動詞の上にくる動詞は、必ず未然形で下の助動詞に付く。「き」という助動詞が動詞に接続する時、必ず上の動詞は連用形になる。**こういうのが法則として決まっているんですね。で、高校の先生はうるさく「これ暗記せい、暗記せい。暗記しないとえらいことになるよ」というんですが、実際えらいことになるのは、たとえばこんな場合。

ここに「秋はくるらむ」、とある。「らむ」は現在推量で「〜いるだろう」と訳す。ところが、それだけじゃ、助動詞を理解するとき不十分なんですね。「らむ」というのは助動詞ですから、確かに「くる」という動詞に付いていています。で、皆さんはこの「くる」を、〈come〉という意味の「来る」と判断したんですけど、ここでちょっと待ってくれと。**「らむ」の意味は現在推量でしたが、接続、何形に付くんでしたか。**これは覚えてるかな。

生徒・**終止形。**

望月・うん。**必ず上は終止形になる**というのが、規則で決まっているんですね。これ知っといたら、皆さん「え、ちょっと待てよ」と思わないといけない。

これ〈come〉という意味の動詞なら**カ行変格活用**ですけれど、どう活用したか、そこの子言ってくれる？

生徒・こ……。

望月・**「こ・き・く・くる・くれ・こ」**(笑)、あるいは命令形は「こよ」。

はっきりしていることは、カ変の終止形は**「く」**のはずですよね。**「らむ」の上は終止形と決まっている**

んですよ。だったら、もしこれが〈come〉という意味だったら、「くらむ」になってないとおかしい。
　ということは、これ違う動詞やで。皆さんは「秋は来ているだろう」って訳されたんですけど、もしこういう意味の古文があるとしたら、おそらく「くらむ」となってるはずでしょう。

動・カ・止
くらむ＝来ているだろう
（来）

　そうすると、「くるらむ」は「来ているだろう」とは言えないね。われわれが、終止形が「くる」である動詞は何かないかと探してみると、日本語で思い当たるのは、当面これぐらいしか考えられない。下二段活用の**「暮る」**であろうと。だったら正解は、**「暮れている」**、あるいは**「暮れるだろう」**。まあ、こう訳さないといけないわけです。

動・下二・止
くるらむ＝暮れ（て）いるだろう
（暮る）

　これはまあ一例ですけれど、こんな具合に**接続というのは、解釈とか文法問題を解くときに非常に役立ちます**ので、皆さんにはやっぱり、おろそかにしてもらいたくない。
　そこで、「む」ならその上は未然形だとか、「らむ」なら、その上は終止形というように単発で覚えるんじゃなくて、まとめて覚えてほしいんです。そこに箱が書いてあるでしょ（↓次ページ）。
　⑴の「未然形」と書いてある箱、これは**未然形に接続する助動詞の集団**です。これが全部言えるようにならないといけない。**⑵に書いてあるのは連用形**です。

◎助動詞の接続

(1)未然形

まし
む
まほし
じ
らる
す
さす
る
しむ
ず
むず

(2)連用形

たり（完了）
けり
き
つ
たし
ぬ
けむ

(3)終止形（ラ変型＝連体形）

まじ
めり
なり（伝聞・推定）
らむ
らし
べし

(4)その他

り

なり（断定）
たり（断定）

ごとし

三つ目の箱は終止形に付く助動詞です。**終止形に付く助動詞はラ変型、つまり「ら・り・り・る・れ・れ」と活用することばには連体形に付きます。**たとえばラ変の「あり」に「まじ」が付くとすると、「ありまじ」にはならないで、「あるまじ」となるわけですね。で、四つ目には何も書いてないですけれど、これはどういう意味か？

これらがほかの助動詞と違うところは、たとえば「り」という助動詞は選《え》り好みをするんです。まあ、ちょっとプライドの高い助動詞なんですね。ほかの助動詞は、活用の種類なんか問わない。たとえば「らむ」でしたら、終止形になるんだったら何にでも付いてあげるでと。「む」でいえば、上が未然形になってくれたら、なんの活用の種類に属する動詞でも、私は付いてあげるよと。

でも**「り」だけは**、**サ変と四段しかイヤだ。**それ以外の動詞に付くのはイヤや、というふうに選《え》り好みをする。**サ変**については、「あんた、あたしに付いてほしいんだったら**未然形**になりなさい」。**四段**は「**已然形**になりなさい」と。

で、高校なんかでよく「りかちゃん**さみしい**」とか、「**さみしい**りかちゃん」って教えられますね。**「さ《サ変》・み《未然》／し《四段》・い《已然》」**と。これはまあ、特殊なものとして覚えとかないといけない。

(1)の未然形接続なんか、ぼくらの時代には単純に、「る／らる／す／さす／しむ／ず／む／むず／まし／じ／まほし」とかいって丸暗記したもんです。だけど、こうやって覚えるの苦手だったら、頭文字だけとって「**ま**／**む**／**ま**／**じ**／**ら**／**す**／**さ**／**る**／**し**／**ず**／**む**」、そう覚えてもらってもいい。

なんでそんな神妙な顔をしてんの？**「まむまをじらすとさるがしずむ」**、そういうことやで。何もそんな、難しいことない。なんか今見てたら、「あのおっさん、何言うてんねん」というような顔してません？(笑)

「マンマをじらすとサルがしずむ」わけです。

連用形は、頭文字とったら「**た**／**け**／**き**／**つ**／**た**／**ぬ**／**け**」ってなってますでしょ。**「竹切った、抜け」**ということ。終止形は二つある「ら」をひとつにしますと、「**ま**／**め**／**な**／**ら**／**べ**」になりますね。**「豆、並べ」**、そういうことです。

二つの意味を持つ「なり」と「たり」

それから「り」の横の箱「**なり**／**たり**」。これはね、いま別にこだわらなくてもいいんです。またあとでやりますが、ちょっとだけ触れておきましょう。

(3)の箱にある「まじ／めり／**なり**」にも「なり」があるのに、(4)の「り」の横にも**「なり」**がありますね。これは別のもので、終止形の箱に入っている「なり」が、**「伝聞・推定」の助動詞**といわれている「なり」。

それに対して、(4)の箱に入っている「なり」のほうは、**「断定」**といわれている助動詞です。ちょっとこれは書き込んでおいてください。活用も、次のような違いがあります。

〈伝聞・推定〉

	未然	連用	終止	連体	已然	命令
なり	○	なり	なり	なる	なれ	○

〈断定〉

	未然	連用	終止	連体	已然	命令
なり	なら	なり に	なり	なる	なれ	○

断定の「なり」の横にある**「たり」**も、同じく**「断定」**です。ということは、(2)の箱にある「たり」は**「完了」**です。これもノートに書き入れといてください。詳しいことは、助動詞「たり」のところでお話しします。

「ごとし」の接続

最後に、**「ごとし」**というのは、文法書にはいちおうくだくだと説明が書いてあるんですけども、実際、入試問題で「ごとし」の接続なんか使う問題、ぼくはそんなに見たことがない。特にここ最近の問題というのは、まず皆無に近いと言ってもいいんですけれど、とりあえず触れておきましょう。ちょっと変わってるんです。これは助詞の**「が」**と**「の」**につきます。

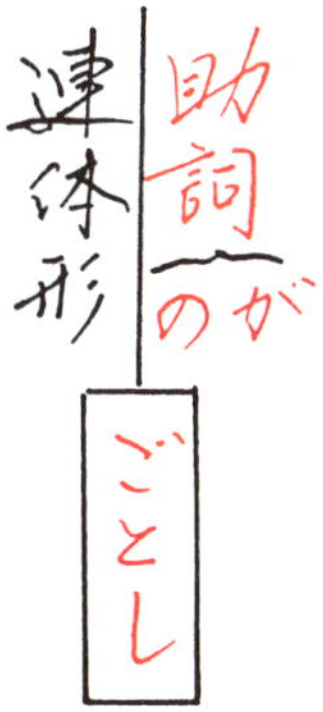

今でも、司馬遼太郎という人の小説に『翔ぶが如く』ってありますね。こんなふうに「ごとし」って、助詞の「が」の下についたりするんです。あるいは「光陰矢のごとし」っていいますけど、この場合は「ごとし」が助詞の「の」についている。こんな助動

詞、「ごとし」だけです。それから、**活用することばに付くときには連体形**です。まあこれは参考までで、そんなもんかと思って聞いといてください。

さあ、それで皆さんにお願いしたいのは、**今整理してきた助動詞の接続は頭にインプットしといて、入試問題を解くときに使うんですよ。**ほんとに覚えといてくれないといけませんからね。覚えてくれないと絶交するからね（笑）。ここまで読んで接続を覚えていなかった人は、いったん読むのをやめて完全に覚え直してから先に進んでくださいね。

問題■全訳・答

夕月の出ている宵、小倉山で鳴く鹿の声とともに秋は暮れてゆくのだろうか。

第3回 助動詞「き・けり」

前回は助動詞の活用と接続の話をしましたが、いよいよ今日から助動詞の内容に一個ずつ入っていきます。まず初めは**過去の助動詞の「き」と「けり」**からいきましょう。そうですね、**［問題1］**と**［問題2］**、まとめて一分でやってみてください。

問題1 **次の空欄に「き」か「けり」を入れよ。ただし適当な形に活用させること。**

都をば霞とともに立ち［　　］ど秋風ぞ吹く白河の関

問題2 **傍線部「けり」と同じ用法を持つ「けり」を含むものはどれか。**

見わたせば花も紅葉もなかりけり浦の苫屋の秋の夕ぐれ

(1) 秋の夜の酒は静かに飲むべかりけり

(2) 今夜は八月十五日の夜なりけり。

(3) 人もなきむなしき家は草枕旅にまさりて苦しかりけり

はい。みんな終わった？

いやー、今のとこ正解者ゼロ。ぼく、この組の特徴わかったわ。古典文法のこと何も知らない子のための講義だといったって、学校見たらみんないい学校、かしこい子ばっかりやな。どういうことかなと思ったら、いちおう**活用**とか**接続**は覚えてる。だけど、それの**使い方が慣れていない**んだな。だから入試問題解いてもらうと間違えるんだ！

［問題1］から見てみるけど、「都をば霞とともに〜」、まあ、この歌を覚えてる人は強いね。でも今の若い人に〝こんな有名な歌常識やで〟と言うのは、ちょっとかわいそうだと思うんです。これ、ほんとに有名な歌ですけどね。

で、これは文章題の読解の講義じゃないのですけれど、**入試の読解問題で、古典の文章をカットして出してくるところは、だいたい昔から同じところばかりが繰り返し出る**んですね。これも**頻出出典の中に入ってる有名な歌**なんですが、まあ覚えてなかったらしょうがないかな。

「き」「けり」の意味

助動詞のトップバッター「き」「けり」は、実は助動詞全体の中では入試でそんなに活躍するものじゃないんです。だけど、どこの学校でも助動詞の勉強をするときには、わりと最初に先生が説明されるもので、まあ、常識みたいなものです。だから、まずはその入門の第一歩、「き」「けり」からいきます。

それで、この組の特徴としましては、たとえばぼくが「これは過去の助動詞です」というようなことを言いますと、「そんなの当り前やないか」とおっしゃるような気がします。

そのとおり、古典文法では**〝過去の助動詞〟**といったら、後にも先にもこの二つだけです。世の中ってなんでもそうですが、やっぱり過去の助動詞が**二つあるのには、ちゃんとそれなりの理由があるん**ですね。そいつを知っとかないといけない。われわれの目でも、一つではなく、それぞれに役割があるから二つ付いてるんですよ。手でもそうですし、なんでもそうです。

この「き」と「けり」にも、なんか違いがあるんですね。接続は、「た／け／き／つ／た／ぬ／け」の「け」と「き」やから、どっちも**連用形**や。

「き」と「けり」の用法については、いろんな言い方があるんですよ。でもまあ、一番わかりやすいのは、**「き」**のほうは過去は過去でも、**〝直接経験の過去〟**。**「けり」**のほうは過去は過去でも、**〝間接経験の過去〟**です。どういうことかというと、**「き」は〝自分がやった経験〟**。**「けり」は〝他人の経験〟**ということです。

具体的にいいますと、早い話が「き」のほうは、たとえばぼく、今日の朝パン食べてきたんですが、今日の朝のことは、もう過去ですね。で、パンを食べたというこの動作は、**文章の書き手であるぼく自身が直接経験したこと**です。だから、この「食う」という動作に過去の助動詞使いたいなと思ったら、「き」であると。

我、今朝パンを食ひき。
（ぼくは今日の朝パンを食べた）

ところが、パンを食ったのがぼくじゃなくて、書き手のぼくから見て他人であるほかの人の場合、「彼、今朝パンを食ひ…」。さて、ここまできてぼくはハタと立ち止まって、〝ええと、これはおれが直接した経験じゃなくて、おれから見れば**間接の経験**や。あいつが今朝パン食べたというのを聞いて書いてる作文だから、「彼今朝パンを食い**けり**」だな〟というわけです。

彼、今朝パンを食ひけり。
（彼は今日の朝パンを食べた（そうだ））

そこで訳語のうえでも、「私は今朝パンを食った」と、「き」のほうは**「～た」**としか訳せない。「けり」のほうはというと、人の経験ですから、「彼は今朝パンを食べた」で止めてもいいですし、「食べたそうだ」と伝聞ふうに**「～そうだ」**という現代語をふってもいいです。

先生によっては、「き」を「経験過去」とか「体験過去」と呼んで、「けり」を「伝聞過去」とおっしゃる先生もいます。それはどうでも結構です。名前なんていうのはどう覚えておいてもいいですから、「き」は〝自分の経験〟、「けり」は人から聞いた〝他人の経験〟という違いを押さえておいてほしい。

「き」・「けり」の意味の違い

「き」→直接経験の過去（経験過去）「～タ」

（例）我、食ひき。（私は食べた）

「けり」→間接経験の過去（伝聞過去）「～タ・～タソウダ」

（例）彼、食ひけり。（彼は食べたそうだ）

それを使いまして、先ほどの【問題1】に戻ってください。

問題1 次の空欄に「き」か「けり」を入れよ。ただし適当な形に活用させること。

都をば霞とともに立ち［　　］ど秋風ぞ吹く白河の関

已然形接続の助詞「ど」

「霞とともに立つ」は、今でも「明日はおたちですか」と宿屋のおかみさんが聞いてくれたら、〝明日はあなた、出発なさるんですか〟という意味ですよね。だから都を、**春の霞とともに出発するのは誰か**と考えてくれたらいい。この歌を作ってる当人なのか、この歌を作ってる当人以外の誰かなのか。

　それを考えて、この歌だけを判断材料にしますと、他人の名前なんてどこにも書いてないんです。和歌っていうのは、自分の気持ちを詠むものですから、和歌の中から誰が主格かというのが割り出せなかったら、日記やなんかと同じで、**主語は当面、その筆者自身を補って読む**というのは常識的なことです。これは誰が考えたって、「この京の都を春霞が立つのとともに**私は出発する**」と読まないといけないな。私以外の人間は入れられないでしょ。

　そうしますと、自分の経験をこの人は歌に詠んでいるわけですから、「き」を入れないといけない。そして**「ど」とか「ども」の上には、必ず已然形がくるん**です。ちょっとここで、「ど」と「ども」のお話をしておきましょうか。

　「ど」は「ども」の「も」が取れてしまったものです。「ど」も「ども」も**〈～けれども〉**と訳す**逆接の接続助詞**（文と文をつなぐ助詞、188ページ）。現代でも「声はすれども姿は見えず」なんて聞かないこともありませんよね。

　入試では上が已然形になるということが大切。「ど（も）」は已然形接続の接続助詞って覚えておいてくださいね。

　さて、話を戻すと、「き」の活用は、

	未然	連用	終止	連体	已然	命令
き	せ	○	き	し	しか	○

ということだったから、已然形の「しか」を入れて、**正解**は「立ちしかど」。

　でも、なんでみんな「立ちけれど」にしてんやろな。

生徒・合いそうやったから。

望月・合いそうやったから？　そういうのを感覚と呼ぶんやね。「立ちけれど」って言いたい気持ちはわかるけど、自分の経験だから、「立ちしかど」となります。

で、「き」「けり」について、これは常識的な知識の一つやから皆さんにお話ししましたけど、いつでも「き」が出てきたら主格は「私」を補い、「けり」が出てきたら、書いてる人以外が主語と思って読んだらいいかというと、必ずしもいつもそうとは限らないんです。昔の人も結構、混同して使っているからです。だから**主語を決めるのは、あくまでも、文脈の吟味が本筋**と考えておいてください。

実際、入試問題の文章を見てみても、直接経験の「き」と間接経験の「けり」を明確に使い分けているのは、たとえば吉田兼好が書いた**『徒然草《つれづれぐさ》』**、あれの中の一部の文章くらいのものですから、これらの使い分けを問う問題というのは、『徒然草』が出典になったときにたまに出るぐらいです。

詠嘆の「けり」

それよりもっと大事なのは、「けり」には過去の意味だけではなく、もう一つあるんです。皮のズボンはいてる彼、どう？

生徒・……？

望月・わからん？　**詠嘆**というのがあるでしょう。忘れた？（笑）

さて、「けり」に**過去**と**詠嘆**と二つの意味があるならば、**どういうときに過去で、どういうときに詠嘆か**というのを、はっきり区別できる頭を持っておかないと混乱します。それがわかってるかどうかを試すのが、**【問題2】**なんです。

問題２　**傍線部「けり」と同じ用法を持つ「けり」を含むものはどれか。**

見わたせば花も紅葉もなかりけり浦の苫屋の秋の夕ぐれ

(1)　秋の夜の酒は静かに飲むべかりけり
(2)　今夜は八月十五日の夜なりけり。
(3)　人もなきむなしき家は草枕旅にまさりて苦しかりけり

「傍線の『けり』と同じ用法の『けり』を選べ」。今いったように「けり」には、**〝間接経験の過去〟**と**〝詠嘆〟**の意味があります。**過去の訳は「～た」**、**詠嘆の訳は「～だったなあ」「～たことだ」**。「けり」にはそういう二つの意味がある。その知識をもって、選択肢をふるい分けていくんですね。

じゃあ、いきなり解答を言いましょう。ちょっと意地悪な問題だったけれども、**同じ用法を持つものは(1)(2)、(3)、全部です。**全部○です。で、これをもしも〝うーん、難しいなあ。(1)は過去かな詠嘆かな〟と考えた人がいたとしたら、今後、ちょっと認識を改めてほしい。これ、**ある程度まで形で判断できる**んですね。

たとえば、一番有名な、**断定の助動詞の「なり」とドッキングして「なりけり」という形をとった「けり」**。これは、よほど特殊な場合を除いたら〝詠嘆〟です。受験生レベルでは**「なりけり」の「けり」は、〝詠嘆〟と覚えておいてさしつかえありません。**

そこで(2)の選択肢は詠嘆とわかる。これでもし迷った人がいたらいま言った知識がなかったんだから、ちょっとこれは具合悪いで。決まってることやからな。文脈判断じゃないから。

さらにもう一つ。**「べし」という助動詞**、後で勉強するんですけど、(1)の「べかり」やな。**「べし」の連**

用形の「べかり」。「けり」の上は連用形ですから、「べしけり」とは言わないですね。で、「べかりけり」といったときの、この「けり」。これも〝詠嘆〟なんです。だから、(1)は詠嘆。

詠嘆の「けり」

「けり」→〝詠嘆（〜タナア・〜タコトダ）と判断してよい場合〟

① 〝なりけり〟の「けり」（断定の助動詞「なり」＋「けり」）
（例）今夜は八月十五日の夜なりけり。

② 〝べかりけり〟の「けり」（推量の助動詞「べし」の連用形「べかり」＋「けり」）
（例）「知らず」とこそ言ふべかりけれ。

③ 和歌中で使われる「けり」
（例）人もなき　むなしき家は　草枕　旅にまさりて　苦しかりけり

④ 会話文中の「けり」（文脈判断が必要）
（例）「げにおもしろく詠みけり」と言ふ。

続いてもう一つ。こっちのほうが有名かもしれない。五七五七七という韻律をもつ和歌の中で「けり」が使われたら、すべて〝詠嘆〟と解していいんです。

「見わたせば……」も、(3)の「人もなき……」も和歌だから、これらの中の「けり」は、間違いなく詠嘆ですね。

和歌中の「けり」ですね。したがって、【問題2】の入試問題に以上の形が出てきたら、みなさんはもう直感で、反射的に詠嘆と思ってください。

会話文中の「けり」

気を付けないといけないのは一つだけ。**「けり」が会話文中に出てきたときです。**これは正確に言うと、**その一部が詠嘆**です。会話文中の「けり」、入試問題でカギカッコの会話文の中に「けり」が出てきたからといって、なんでもかんでも詠嘆だと判断したらダメ。だから、前ページの表の①～③と④の間には一線を画してください。**会話文中の「けり」を見つけたとき、過去なのか詠嘆なのかは、訳して決めてもらわないと困ります。**

それとちょっと言い忘れましたけど、詠嘆のことを**「気付き」**というふうに呼ぶ場合があります。〝美しいなあ〟〝美しいことだ〟、こんなのも詠嘆ですけど、〝あ、今気付いたけど今日は水曜だったんだなあ〟、これも詠嘆なんです。だから**「気付きのけり」**という先生もいますので、ついでながらちょっと補足しときたいと思います。

問題1 全訳・答

京の都を、春霞が立つのといっしょに出発したが、（来てみると、もう）秋風が吹いている白河の関よ。

《答　しか》

問題2 全訳・答

はるかに見わたすと、（趣のあるものの代表である春の）花も（秋の）紅葉もないことだなあ。海辺の苫《とま》屋《や》（＝かやぶきの小屋）だけが見えるこのさびしい秋の夕暮れは。

《答　(1)、(2)、(3)》

第4回 助動詞「つ・ぬ」「たり・り」

では、**助動詞「つ・ぬ」「たり・り」**へいきましょう。これは**完了の助動詞**といわれるものです。

実は**「完了」といわれるのは、全部でこの四つしかないん**ですが、便宜上、説明のうえで、まず「つ・ぬ」からいきましょう。これ二つ、兄弟なんですね。で、「たり・り」これも兄弟です。「つ・ぬ」兄弟と「たり・り」兄弟はいとこみたいなもんです。似てるとこはあるけど、ちょっと違う。

完了の助動詞「つ・ぬ」

じゃあ、パートⅠとして**「つ・ぬ」**の話からいきたいと思います。

その前に、何がポイントなのか、問題の所在を明らかにするために、**[問題1]**をやってもらおうかな。これも一分でできると思います。

問題1 次の文の傍線部を口語訳せよ。

夜やうやう明けゆくに、かぢとりら「黒き雲にはかに出で来ぬ。風吹きぬべし。御船かへしてむ」といひて、船かへる。この間に雨降りぬ。

皆さんの訳を見てましてね、ぼくもう一つ発見しましたけども、ここの組、ことばの感覚はさすがに難関大を志望しているだけのことはあるね。論理で考えるのはうまいもんや。現代文の先生は、「前後つないでつじつまが合うようにやらないといけないんだよ」っておっしゃいますでしょ。いやあ、今見たら、うまく前後つないでデッチ上げるのはうまい（笑）。

だけど**古典の場合は、「論理」と「語学的な知識」の二つを組み合わさないといけない**。なにせ現代文はわれわれが生で使ってることばですから、もう感覚で一語一語の意味はわかりますよね。でも古典はその論理にプラス、やっぱりある種英語と一緒で、語学みたいな部分があります。

たとえば、問題文中の**「にはかに」**ということば。「ちょっと」とか「かすかに」とか、いろいろ器用な訳付けをしているようだけれども、どちらもおかしい。みなさんは現代日本語の達人なんだから、現代語から考えてみよう。「にはかに」といったら今、どう使います？　一番われわれに身近なのは**「にわか雨」**でしょ。にわか雨って、かすかに降る雨ですか？　にわか雨は、**急に降ってくる雨**ですよね。なら、「にはかに」というのは、やっぱり**「急に」**ですよ。**「突然」**ですね。

これはまあ、古語のことばの使い方の問題にすぎないけども、一番大事なのは、「出で来ぬ」と「ぬ」が出てきてることなんです。助動詞「つ・ぬ」の「ぬ」。「つ」も基本的には使い方が一緒ですから、これはまとめてやりましょう。

ちょっと詳しい文法書を買ってくると、「つ」と「ぬ」はここが違うということが書いてありますけど、今、問題には出ません。もし入試に出したとしたら、その大学、ちょっと具合が悪い。研究者によって言うことが違うんです。学説の揺れてるようなものは、出題しないのがエチケットですし、皆さんとしては知らなくてもいい。

でもまあ、参考までに申しあげておくと、たとえば「風立ちぬ」と「石積みつ」。風は自然に立ちますけど、石は誰かが意志をもって積まないと、自然には積まれません。**「ぬ」は自然発生的な動作に、「つ」は意志的な動作に付く。「ぬ」は自動詞に、「つ」は他動詞**

に付くと説明する人もいます。こう覚えておくと、何かの役には立つかも知れません。

では「つ・ぬ」ですが、とりあえず知っといてほしいのはこのことです。

完了の助動詞(1)

「つ・ぬ」

① **完了**
「～タ・～テシマッタ」

(例) 雨降りぬ。
(雨が降った)

② **強意**
「キット～・必ズ～」

(例) 雨降りぬべし。
(きっと雨が降るだろう)

意味の判別法

完了の助動詞というぐらいですから、「つ・ぬ」は①**完了**の意味は持ってますよね。で、完了といったら、訳すときには英語ふうに**「～てしまった」**としてもいい。日本語の完了の場合は、過去のように「**～た**」と「た」で止めてもいい。まあ、英語ふうに使うよりも、**「～た」という過去の訳のほうが自然なことが多い**ですね。

で、もう一つ②**強意**の意味があって、これ、先生によっては「確述」とか「確述用法」と言うんですが、まあ「強意」のほうが一般的でしょ。この講義の中では、「強意」で通していきます。訳はどうなるかというと、**「きっと」**とか**「必ず」**です。

そうすると前回「き・けり」のところで言いましたように、意味が二つあったら、どんなとき①で、どんなときに②かがわからないようでは、どうにもならない。そこで、高校に入って一年か二年の時にこう教えられるね。「皆さん、『つ・ぬ』が出てきたら、とりあえず文脈判断じゃなくて、その下を見なさいね。『つ・ぬ』の真下を見なさいね」と。**推量と名の付く助動詞が下にあったら、上は絶対、「完了」で訳を付けてはいけない。**完了の助動詞ではあるけれど、それは「つ・ぬ」の名前なので、下に推量がきてるときには、意味は**「強意」**でとりなさいと。

具体的にいえばこの問題、「黒き雲にはかに出で来ぬ」というのが一つ。それから「風吹きぬべし」。どちらも「ぬ」が出てることに変わりはないんですけど、「ぬ」には二つ意味がある。

最初のほうは、「ぬ」の下になんにもない。だから、**訳は完了でいい。**だけどもう一つのほうは、「ぬ」の下になんかついてる。それをふっと見たら、**推量の助動詞「べし」**ですね。こんなふうに推量の助動詞が下にあるときは、**強意で訳さなければいけない**。

文法の入門期には、細かいことは置いといて、とりあえずこう割り切っておいて結構です。**下に推量がある「つ・ぬ」については、「きっと」とか、あるいは「必ず」という訳を付けよう、と。**これが「つ・ぬ」の部分の訳し方。

まだ、われわれ推量の助動詞を勉強してないんですが、推量の助動詞というのは、一般には「推量」ですから、「〜だろう」というのが多いです。でも、文脈によっては、**「〜しよう」**という「意志」もあるかもしれない。それ以外に、たとえば**「勧誘」**とか**「婉曲」**とか、いろんな使い方もある。それはあとで推量をやるときに、あらためて押さえたいと思います。

まずほとんどの場合は、**「きっと〜だろう」**、**「きっと〜しよう」**というのが多い。それで訳せないものというのは、これから勉強するなかで、〃あ、こんな場合はこう訳すんか〃、〃あ、こんな場合はこうすればいいのか〃というふうに積み重ねていけばいい。**文法なんかやるときには、まず原則をつかんで、例外的なものとか細かいことは後でどんどん足していったらいい**と思うんです。

で、問題に戻りますと、一つ目は単なる**完了**ですから、**「黒い雲が急に出てきた」**ですよね。それに対して二つ目は**強意**ですから、**「風がきっと吹くだろう」**。こんなふうになれば正解です。

「つ・ぬ」が強意になる場合

~~完了~~　強意

つ　ぬ

（推量）→ 強意

▷ （訳）キット
▷ 〜ダロウ　〜シヨウ　etc.

出で来ぬ（完了）。（＝出テ来タ）

吹きぬ（強意）べし（推量）。（＝キット吹クダロウ）

〝完了の助動詞（＋推量の助動詞）〟→強意!!

ここでもう一度黒板を見ていただきたいんですが、「つ・ぬ」の下に推量があったら強意にしなさいと言いましたけど、推量の助動詞に気がつかなかったら、これは大変なことになります。推量の助動詞って、ものすごく数があるんですね。で、どこの高校でも、**完了の助動詞と推量の助動詞がドッキングして「完了を強意でとる」**この形というのは、よく出てくるから覚えときなさいと言われる。大事なものを、全部挙げてみますよ。二段に分けましたが、上の段が特によく出てくるものです。

強意	推量
て	む
な	む
つ	べし
ぬ	べし
つ	らむ
ぬ	らむ
て	まし
な	まし

強意	推量
て	けむ
に	けむ
つ	めり
ぬ	めり
て	むず
な	むず
つ	らし
ぬ	らし

特に覚えておいてほしいのが「てむ」から「なまし」まで。上の「て／な／つ／ぬ／つ／ぬ／て／な……」、これだけが**強意で訳す完了の助動詞**。下の「む」とか「べし」とか「らむ」とか「まし」が、もちろん**推量の助動詞**。

で、強意と推量の具体的な組み合わせといいますのは、日本全国の受験生みんな覚えているはずですから、皆さんも覚えといていただかないと困りますよ。

「**てむ／なむ／つべし／ぬべし／つらむ／ぬらむ／てまし／なまし**」

これ見たときに反射的に〝よっしゃ、これは強意や〟とわかるようにしてください。

さあ、それでは「つ・ぬ」の原則は以上です。この原則を使って応用的な問題を解く機会があれば、そのときいろいろ考えていきたいと思います。

完了の助動詞「たり・り」

では、パートⅡへいきましょうか。次は「つ・ぬ」のいとこの「**たり**」と「**り**」のお話です。

とりあえず、次の**〔問題2〕**をやってみてください。これは**〔問題1〕**ほど時間はかからないと思います。ぼくが黒板を消し終わるぐらいで解答出せると思うんで、ちょっと選んでくださいますか。

この**〔問題2〕**がもしできなかったら、これはかなり問題です。みんなできてると信じて、ぼくはあえて見に行かないからね。

問題2 傍線部と同じ用法の「る」を選べ。

唐土《もろこし》に許由《きょゆう》といひつる人は、さらに身にしたがへる貯《たくは》へもなくて……。

(1) この国の博士どもの書けるものも、いにしへのはあはれなること多かり。

(2) 人はいさ心も知らずふるさとは花ぞ昔の香に匂ひける

(3) 堀河殿にて舎人が寝たる足を狐にくはる。

意味の判別

ま、ちょっと次の黒板をごらんください。

さっき、「つ・ぬ」と「たり・り」はちょっと違う、血はつながってるけど違うんやと言いましたけど、違うところが、②**「存続」**というところに現れております。「たり・り」も確かに完了の助動詞の一員ですので、①**完了**という意味は持っています。持ってはいる

完了の助動詞(2)

たり ←(て・あり)

り ←(あり)

① 完了「～タ」

② 存続「～テイル・～テアル」

※意味の判別…まず②で訳し、現代語として不自然なら①と考える。

んですが、「たり・り」については、あまり**「～してしまった」という訳を付けない**。完了と言っても、普通は**過去の訳**を付けるんです。**「～た」**と。先生によっては、「～してしまった」と訳したら、誤訳だとおっしゃる方もいます。そこまで言わなくてもいいですけれど、確かに「～た」と訳すほうが自然なことは自然です。

「たり・り」については、完了で働いてたら「～た」と訳すのが一番きれい。でもこれは別に、入試問題では問われませんから、あんまり気にしないでいいけど、気にしていただきたいのは②のほうです。

「たり・り」が「つ・ぬ」と違うところは、**「存続」という意味をもってること**なんです。存続といったら、たとえば、ぼくは今黒板に字を書いている、これは「書く」という動作が存続してるんです。この教室の向うには蛍光灯が吊《つ》ってある。これもまた、「吊る」という動作の存続です。

で、さっきからずっと同じことを言ってますが、二つの意味があったら、**どんなとき①でどんなとき②か**が問題です。この場合は、次のように考えればいい。

まず〝存続〟で訳せ！

実は**「たり」**という助動詞は、〝助動詞や〟といってえらそうな顔してますけども、元をたどれば助詞の「て」とbe動詞の「あり」をドッキングしたものなんですね。「たり」はもともと**「て・あり」**だったんです。一方、**「り」**という助動詞は、助動詞といっても、元はbe動詞の**「あり」**です。

たり ⇧ て・あり

り ⇧ あり

ということは、たとえば「書きたり」という表現は、元々は「書きてあり」なんですね。そうしますと、「書いてある」、あるいは「書いている」と訳すことになる。「書けり」という表現は、元は「書きあり」なんです。直訳しますと、「書いてある」、「書いている」です。

ということは、「たり・り」のルーツが、**「～している」「～してある」**ということばだということなので、訳し方は、とりあえずほとんど**「存続」**でやっていい。

だから皆さんも、要領としては**まず②の存続で訳すこと。**これはアバウトでいいんですよ。そんなに厳密に考えなくてもいい。**存続で訳して、現代語として文脈がこわれてしまったり、不自然だったりして、どうしても存続はおかしいと判断したときだけ、①に回せばいいんです。**大半のものは存続です。「～している」「～してある」で意味が通じるはずです。

もう一つ言って安心させておきますと、今どき①と②の区別を問う学校なんてまず考えられません。センターの選択肢なんて、「完了・存続の助動詞」って書いてあることもありました。どっちでもいいってわけですね。

ですから一般には、「完了」と「存続」の区別はアバウトで結構です。特に「たり」なんかほとんど設問に出てきませんね。訳すぐらいのもんですよ。むしろこの「たり」よりも、皆さんに気遣っていただかないといけないのは、「り」のほう。これは何かとご面倒かけますね。接続も「さみしい」やしね。もう問題のある子です、この子は（笑）。

じゃあどういう問題があるか。みなさん、完了の助動詞の「り」というのは、どう活用しましたかねえ。覚えてますか？　第2回の講義で言いましたけど、**「り」で終わる助動詞はラ変型**ですから、次のように活用しますね。

	未然	連用	終止	連体	已然	命令
り	ら	り	り	る	れ	れ

じゃ、この次の回で、**受身・可能・尊敬・自発の助動詞「る・らる」**というのを勉強するんですが、そのうちの「る」、どう活用するか、覚えてる？

生徒・**「れ・れ・る・るる・るれ・れよ」**。

望月・うん、たいしたもんですね。**下二段**でこういうふうに活用するんですね。

	未然	連用	終止	連体	已然	命令
る	れ	れ	る	るる	るれ	れよ

動詞の活用がしっかり頭に入っとったら、これ覚えるの、あんまり抵抗ないと思うんです。で、こういう助動詞は、先ほども言いましたけども、出てくるたびに〝あ、そうか。「り」はそうやったな、「る」はこう活用するのやったな〟、そう確認していって、入試までに覚えていただいたらそれでいい。

「る・れ」の識別（頻出!!）

さて、ここで、神様はとんでもないいたずらをうまい具合にしたもんです。

り＝ら・り・り・る・れ・れ

る＝れ・れ・る・るる・るれ・れよ

ちょっとこの「り」、下から見たら「れ・れ・る」になっているな。「る」は上から順に「れ・れ・る」になっている。これ、**左右対称**になってますでしょ。これ、入試問題でどんなふうに出ているかというと、たとえば次のように出題されているんです。

例題 **傍線部の助動詞の意味を記せ。**

(1) 既にして文書かる。

(2) 大納言の書ける文。

こんな短文があって、「る」に傍線が引っぱってあったとしましょう。すると、⑴の「る」は完了ですか、それとも受身・自発・可能・尊敬のほうですか。⑵の「る」はどっちですか。

そんなふうに入試問題ではきいてきます。

「れ」だって同じですよ。文中にひらがなの「れ」が出た場合、完了の「れ」なのか、受身・尊敬・可能・自発の「れ」なのか、ときいてくる……。

完了の「り」も「る・れ」に化けるし、受身・尊敬・可能・自発の「る」も「る・れ」に化けます。だから、「る・れ」が文中に出てきたときには、どっちの「る・れ」なのかはっきりしろっていわれます。これが「る・れ」の識別！

これは、識別問題のなかでも、非常によく出るやつですね。**関東・関西、国公立・私立を問わず、超頻出。【問題2】**をやる前に、先にこの例題を考えてみてください。

さあ、どうやろう……わかりましたか？

こんなんを解くときは、まえにやった接続を思い出してください。いちばん前の彼、「り」の接続ってどうやったっけ？

生徒・「り」かちゃん、さ・み・し・い！

望月・そうそう（笑）、「り」かちゃん、さ・み・し・い。

完了の「り」は、サ変の未然形と、四段の已然形につくんでしたよね。じゃあ、受身・尊敬・可能・自発の「る」は？

生徒・未然形。

望月・そう、未然形やったな！ **受身・尊敬・可能・自発の「る」は、未然形につく。**もう一回、**【例題】**を見てください

⑵は「書ける」でしょう。「書ける」の「書け」は、四段活用の已然形。四段は「か・き・く・く・け・け」だからね。これは「る」が四段の已然形についています。「る」が、四段の已然形につくということは、これは完了の「り」とわかる。

一方⑴は「書かる」ですよね。「書かる」の「書か」は、四段活用の未然形。この「る」は未然形についているわけですね。ということは、こっちは完了じゃなくて、受身・尊敬・可能・自発の「る」っていうことになります。これは完了じゃありません。完了だったら、四段の已然形につかないといけませんから……。

ま、そんなふうに考えて解くんですけど、世の中には頭のいい人がいますね。どこの先生かわからないけど、これをもっと手っ取り早く解く方法を考えついた人がいます。みなさんもどっかできいたことがあるんじゃないでしょうか。

音で見分ける「る・れ」の識別法

り
サ変の㊍
四段の㊁ ←「e」
ら り る れ ……完了 (例) 書け(e)る。

る
㊍ ←「a」
る れ ……受身・可能 尊敬・自発 (例) 書か(a)る。

それは**音で解く方法**。

サ変の未然形っていうのは、「せ」ですよね。これは「せー」って口でいってみるとわかるけど、「e」段音です。そして、四段活用の已然形。これは「a・i・u・u・e・e」って活用するから、やっぱり「e」段音。

要するに、サ変の未然形も「e」の音なら、四段の已然形も「e」の音なんです。「り」はサ変の未然形と、四段の已然形につきますから、音でいいかえると、「り」の上には必ず「e」の音がくる、ということになる。

だから、この識別に関しては、**音で攻めれば速い**というわけなんです。完了の「り」というのは「e」の音につく。で、場合によって、完了の「り」は、「ら」に化けたり、「り」に化けたり、「る」に化けたり、「れ」に化けたりする。活用が「ら・り・り・る・れ・れ」なわけですからね。だから、**「e」の音についている「ら・り・る・れ」、この四つのひらがなに傍線が引っぱってあったら「完了」**、と見分けられるようにしておけばいい。

それに対して、受身・可能・尊敬・自発の「る」というのは、接続が**「ま／む／ま／じ／ら／す／さ／る／し／ず／む」**の中の「る」ですから、**未然形に付く**。そうすると、「る」の上に来る未然形はいま完了で説明したのと同じような理屈でいって、**〝a段の音〟**に決まってるんです。だから、**aの音に付く「る」と「れ」に線引っぱってあったら、これは受身・尊敬・可能・自発のどれか**と考えればいい。

この方法だと、ずいぶん時間短縮できますね。(1)は「書か（a）」、a段に付いてるから受身・尊敬・可能・自発のどれかってこと。(2)の方は「書け（e）」。e段に付いてるから、これは完了。こうなると速い。

同じ要領で**【問題2】**を見ていただきます。

問題２　傍線部と同じ用法の「る」を選べ。

唐土《もろこし》に許由《きょゆう》といひつる人は、さらに身にしたがへる貯《たくは》へもなくて……。

(1) この国の博士どもの書けるものも、いにしへのはあはれなること多かり。

(2) 人はいさ心も知らずふるさとは花ぞ昔の香に匂ひける

(3) 堀河殿にて舎人が寝たる足を狐にくはる。

「唐土に許由といひつる人は、さらに身にしたがへる」――**「したがへ」**を四角で囲ってください。これは「従属する」という意味の動詞です。漢字を当てれば**「従ふ」**、あるいは**「随ふ」**。今は文法に集中したいんで、読みのほうはおいときますけれども。「したが**へー**」と音を伸ばすと、**「e」**の音が残ります。**「e」に付いてる「る」**ですから、**完了**でしょう。

じゃ、われわれは選択肢の中から完了を探さなければいけません。(1)・(2)・(3)、とりあえず(3)は消える。「足を狐にく**はー**」と音を伸ばすと、**「a」**が残ります。「a」段に付く「る」や「れ」は、受身・尊敬・可能・自発の助動詞ですから、(3)番はまずダメ。

ところが、(1)「書**けー**」、これ**「e」**に付きますね。完了の可能性があります。(2)「匂ひ**けー**」、**「e」**の音が残ります。これも完了の可能性がある。でも、このワナには引っかからないでください。

(2)のほうは、もしも「る」が一つの助動詞やったら、「匂ひ」ということばと「る」の間にある「け」は何か、説明がつかないよね。これはやっぱり、**“「匂ひ」＋過去の「ける」”**。そしてこれは和歌ですから、**詠嘆**で訳さないといけない。そこで(2)は論外で、**正解は(1)**ということになる。「博士どもの書けるものも」――**動詞「書く」の下に完了の「る」が付いてる**んですね。

これ合った人、どのくらいいらっしゃいますか。ま、半分ぐらいかな。この手の問題は国公立をはじめとして、早大や同志社などの難関私大でもよく出題されます。もちろん中堅大でも頻出ですから、こんなつまらない問題で足をすくわれないように気をつけてください。

問題1■全訳・答

夜がしだいに明けてゆくと、船頭たちが「黒い雲が急に出て来た。風がきっと吹くだろう。お船をもどしてしまおう」と言って船はもどる。この間に雨が降った。

《答　(1)》

問題2■全訳・答

中国の許由《きょゆう》という人は、全く身についているたくわえもなくて……。

第5回 助動詞「る・らる」

では、始めましょう。ちょっとめんどくさいですが、これから書く三つの問題をノートに写していただいて、それぞれ傍線を付けた**助動詞の意味**を判断してみてください。

問題 **傍線を付した助動詞の意味を記せ。**

(1) ありがたきもの。舅《しうと》にほめらるる婿《むこ》。

(2) 大納言罪せられ給ふ。

(3) (光源氏は) 海見やらるる廊に出で給ひて……。

高い出題頻度！

意味ということは、**完了**であるとか、**打消**であるとか、**推量**であるとか、そういうこと。さあ、いかがでしょうねえ。

この**「る・らる」というのは文法問題、助動詞の中**

では非常に頻出する大事なやつなんです。よく出ます。出題頻度、ものすごく高いですよ。なんでこんなに出るのかなと思ったら、こいつらの子孫が今でも生きてるからなんですね。**「れる」**と**「られる」**。皆さんも中学時代に、口語文法で〝**受身・可能・尊敬・自発は「れる・られる」**〟といって、覚えさせられませんでしたか？

たとえば、受身だと「おかあさんに叱られる」。それから、可能で「まだこのごはんは新しいから食べられる」。尊敬は「先生が言われる」。自発は「故郷のことが思われる」。かわいそうなことに、中学生の子は「れる・られる」の現代語の助動詞の識別で、この四つに振り分ける問題なんかが、塾で教えられたり、中学でもやらされます。その先祖が「る・らる」なんです。

大学入試になりますと、これの**識別問題**がやたら多い。で、これは根本的にあまり難しい問題は作れないもんですから、一個間違ったらえらいことになるんです。なかには、悪問とか難問もありますけど、そんなのはみんなが間違えますからね。それはいいんだけど、普通の問題は絶対完璧にしないといけない！

①受身（〜サレル）

(1)番からいきます。まずは**受身の「る・らる」**。これはあんまり難しい問題を作れないんです。受身なんていうのは、現代日本語が話せる人でしたら、前後つなげばわかりますよ。**「〜に…る」、「〜…らる」**というような構文、**「誰それに〜される」**という形が多いけど「誰それに」の部分は省略されてることもあるから注意、なんてことをわざわざ言わないでもわかります。ぼくは受身については、どんな人でも全く心配してないんです。おそらくこの一つ目、受身にならなかった人はないと、ぼくは信じています。

「ありがたきもの（めったにないもの）、舅《しゅうと》にほめられるような婿さん」ということ。「舅に」ということばがありますので、これは**受身**。そんな理屈こねないでも、文を上から普通に読んでいけばスッとわかるはず。

②可能（～デキル）

ぼくが心配するのは、⑵から先なんです。まず**可能**。これは約束事を一つ知っといていただかないと困ります。それはこういうこと。

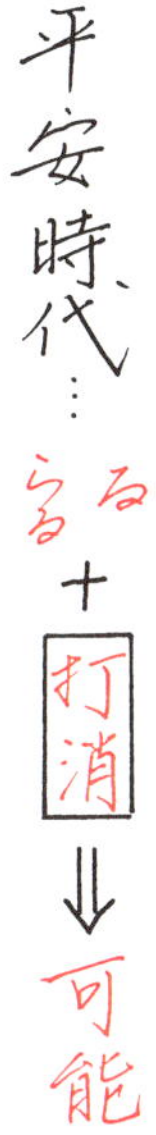

可能というけれど、**平安時代には「る」と「らる」の後ろに打消の助動詞がこないことには、「る・らる」は可能にはならなかった。**よく古文公式帳を買ってきて、〝「る・らる」の後ろに打消があったら可能〟と書いてあるのを軽く考えて、それだけ覚えてくれてる子いるんですけど、こう思ってくださいよ。〝**平安時代は、下に打消がなかったら可能にしてはいけない**〟んです。

だから、可能、可能って言いますけど、言いかたを変えたら〝can〟じゃなくて、**〝cannot〟**という表現しか、ふつう平安朝ではしなかったんです。

ということは、⑶をちょっと見てください。「（光源氏は）海見やるる廊に出で給ひて……」――「光源氏は」と、ぼくわざわざ主格をはっきりさせたんですね。光源氏が出てくる物語は、『源氏物語』以外に考えられません。

『源氏物語』といえば、**平安時代の中頃の作品**です。平安の作品で、いくら文脈上「海を見やることの**できる**廊下に出なさって……」と訳せそうに思ったからといって、**下に打消表現のないものを可能にしてはいけない。**少なくとも受験の場では、**平安時代の作品で打消のない「る・らる」を可能にするということは、決してしないようにしましょう。**

じゃあ、〝何になんねん〟という話する前に、もうちょっとこの可能の話、続けます。

中世以降は例外

で、ことばというのは例外というのがつきものなんです。今のことばでもそうですけど、時代が経ちますと、ことばというのは乱れていく。あるいは、前の時代の形が、だんだん変化していく。**この可能の「る・**

らる」の場合も、次の鎌倉・室町時代に入ると、ちょっと様子が変わっていくんです。今の皆さんでも、この「られる」という助動詞、ちゃんと使ってないでしょ。

ぼく、近ごろ気になるのが、この「られる」の使い方の乱れです。「見る」とか「食べる」とか、これを可能にする場合には「見られる」「食べられる」なんですけど、なんかおかしい使い方してません？「見れる」とか「食べれる」って、みな言いません？「寝れた、きのう？ 暑かったやろ、寝れた？」と言ってますが、あれ「寝られた」ですね。「寝れる」なんて、あんなの現代語としてはおかしいですよ。

古文も同じことで、**鎌倉時代になりますと、「る・らる」の後ろに打消がこなくてもよくなった**んです。**鎌倉以降は例外**。たとえばこんな使い方をします。

「冬はいかなる所にも住まる」（徒然草）

京の都の夏は暑い。だから家を設計して造るときには、夏を基準にしなければならない。だって**「冬はどんな所にでも住むことができるんだから」**というんですが、これは平安時代だとおかしいですよね。「る」の後ろに打消がないのに、なんで可能にできるんだということなんですが、『徒然草』は鎌倉時代の作品なんです。だから例外で、可能にしてかまわない。

そう言いますと、〝ちょっと待て〟、〝おまえ、さっきあれだけ平安のこと強調しといて、鎌倉以降は例外や言われたら、どないしたらいいねん〟と思うかもしれませんけど、入試レベルでこの問題が皆さんの身に振りかかってくるとしたら、それは、まず十中八九、あるいはもう十のうち十まで、『徒然草』という作品だと思ってください。

もう一つ気が楽になることを言いますと、多くの場合、**選択肢にはいまのこのフレーズが使ってあります。**受験生なら**「冬はいかなる所にも住まる」**、この文は記憶しておいてもおかしくない。

それから念のため、一個だけで不安だったら、これも『徒然草』の一節なんですが、次の文も覚えとくといい。

「かくてもあられけるよ」（徒然草）

このときの「れ」。**下に打消がないんですけど、やっぱり可能です。**なぜですか？ **『徒然草』**だからです。

ちょっとこれは訳しづらいんで、訳を付けておきますと、「こんなふうにしてでも……」、どんなふうかは、前文がないから皆さんはわからなくて仕方がないですよ。時は十月、吉田兼好が栗栖野《くるすの》というところを通って、ある山里に人を尋ね入っていったときに、苔《こけ》のはえた細い道を踏みわけていくと、まことに心細く寂しそうな草庵がある。それを見て兼好が思った。**「こんな（物さびしい）ふうにしてでも住んでいることができるんだなあ」。可能**です。

冬はいかなる所にも住まる 可能

かくてもあられ 可能 けるよ

この二つの短文は入試によく出てくるものですから、記憶しておいて、それ以外に『徒然草』が出たときも、下に打消がなくても可能はありうるよと、ちょっと予防線を張っておかれるといいですね。

③尊敬（～ナサル・オ～ニナル）

次は、尊敬について。

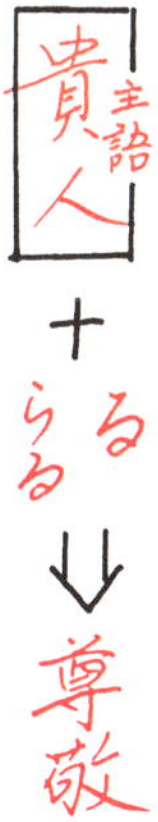

これも、古文公式帳を買ってくると、こんなことが書いてありますね。**「『る・らる』が尊敬であるか、それ以外のものであるかは、主語で判断しなさい」**と。

つまり**主語に身分の高い人、貴人《きじん》が書いてあったら、あるいは書いてなくても貴人が主語だとわかったら、その文の「る・らる」は尊敬である。**そんなもん当たり前ですよね。公式というのも、おかしな話だと思うんです。

で、あんまりその公式に頼りすぎると、たとえば(2)なんか見たときに、〝よっしゃ、大納言やないか〟と。大納言が主語だから、これは尊敬じゃないかと思うかもしれない。でもそれをいうなら、もうひと押し。受験生ならだれでも知ってるこの構文はぜひ覚えておくべきですね。ま、今はしょうがないにしても、入試前一か月ぐらいになってこのことを知らんかったら、ちょっとヤバいだろうと思います。皆さんもまだ知らなかったら、覚えといてくださいね。

「れ給ふ・られ給ふ」というときの「れ」と「られ」。これは、絶対尊敬にしてはいけない。これには例外がありません。絶対ダメ。**「れ給ふ・られ給ふ」の「れ・られ」は、まかりまちがっても尊敬にだけはならない。**

入試問題ですから、尊敬にならないということだけ覚えといても実用的じゃないですよね。だったら何になるの？　といわれると、後ろに打消がないですから、可能にもならない。残っている受身か自発になるんです。**「れ給ふ・られ給ふ」という有名な構文の「れ・られ」は、ふつう受身か自発のどちらか**です。

ということは、⑵は「れ給ふ・られ給ふ」の「られ」に線引いてあるわけですから、いくら主格が大納言でも尊敬にはならない。受身か自発です。受身か自発のどっちになるかは、一番最後の「自発」を勉強してから考えましょう。

④自発（自然ト〜サレル・〜セズニハイラレナイ）

この自発は一見難しいようですが、慣れると、むしろ一番判断しやすい。**「る・らる」が自発で使われるならば、だいたい上にくる動詞がどんなもんか、性質が決まっている**からです。

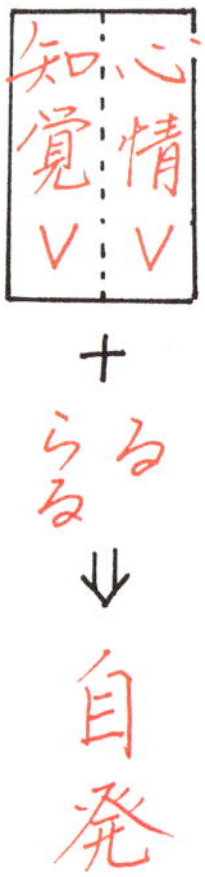

一つは、**「心情動詞」**とかりに名付けますけど、**人間の喜怒哀楽の心情のこもった動詞**。たとえば、具体的に言いますと**「笑ふ」**、これ喜怒哀楽の喜。**「泣く」**、

これ喜怒哀楽の哀。そうした**心情のこもった動作につく「る・らる」は自発であることが多い**んです。**「思ふ」**なんていうのもそう。これは人間の心のはたらきを表す動詞だからね。

それからもう一つは、英語でいう**知覚動詞**に似たもの。**「見る」**とか**「知る」**とか、あるいは**「思ひ知る」**、**「見やる」**というふうに、動詞が二つ重なっていてもいいですよ。

この点を押さえておかれますと、たとえば二つ目の問題の「罪せられ給ふ」。「られ給ふ」の構文だから受身か自発ですけれど、上の動詞見たら「罪す」。「罪に処する」というこの動作は、いくらなんでも、心情表現とか知覚動詞じゃない。ちょっと自発の線はダメですね。そこで、とりあえず受身と考えて訳してみられたらいい。**「大納言は罪に処せられなさった」**、おかしくない。だからこれは**「受身」**です。

続いてさっき保留した問題(3)ですが、光源氏は須磨へ流されて、その須磨の、遠くのほうの海が**「見やらるる」**とある。さっきやったようにこれが可能にならないとしたら、ちょっと上の動詞「見やる」の「見る」に着目してください。**"see" "look"** の「見る」です。そうすると、これは知覚動詞ですから、**「自発」**ではないかなと考える。**「光源氏は自然と海の見わたせる廊下に出なさって…」**、これで解決しますね。

これはまあ基本の基本で、実際のところいろんな長文、ややこしいものを読みながら、もっと詰めていかないといけません。たとえば「人に思はれぬは心うし（=人に愛されないのはつらいものだ）」の「れ」なんかは、**公式がいくつも重なるわけですから、しっかり文脈を吟味して、「受身」と判断しないといけない**とか。でも、とりあえずは、基礎古典文法として、これぐらいの知識は忘れずに持っておいていただきたいものです。

では、最後に**「る」「らる」の活用**を書いておきます。

	未然	連用	終止	連体	已然	命令
る	れ	れ	る	るる	るれ	れよ
らる	られ	られ	らる	らるる	らるれ	られよ

問題■全訳・答

(1) めったにないもの。舅にほめられる婿。

《答　受身》

(2) 大納言が罪に処せられなさる。

《答　受身》

(3) (光源氏は) 海を自然と見わたせる廊下に出なさって……。

《答　自発》

第6回 助動詞「す・さす・しむ」

さあ、それでは今回は助動詞の**「す・さす・しむ」**にいきます。

今日やるテキストのところ、もう家でやってある人？　ハハハ…。だれもやってないのか。

よっしゃわかった、かめへん、かめへん。それならまあ、この間と同じ調子でいきましょう。まず始めに、それぞれの活用を見ておこうか。

	未然	連用	終止	連体	已然	命令
す	せ	せ	す	する	すれ	せよ
さす	させ	させ	さす	さする	さすれ	させよ
しむ	しめ	しめ	しむ	しむる	しむれ	しめよ

で、これを覚えといて、次ページの**【問題】**をやってみてください。そうですね、この問題でしたら、今から一分あれば一通りできると思います。一分間で取り組んでみてください。最初は何も言いませんよ。

「す」「さす」「しむ」の違い

とりあえず一番最初「す」と「さす」という助動詞、それと親戚に（しむ）というのがあるんですけどね。この**「す」と「さす」と（しむ）の見方**を、まず押さえたい。

先に言っときますが、**（しむ）**だけ丸カッコつけましたのはほかでもない、これは**出てくる文章が限られている**んですね。入試にもよく出る出典で『**平家物語**』や『**平治物語**』、そういう武士が出てきて戦争す

問題 **傍線を付した助動詞の意味を記せ。**

(1) 下部に酒飲ますることは心すべきことなり。

(2) 上、御覧じて、いみじう驚かせたまふ。

(3) 童おろして、雪まろばしせさせたまふ。

る話あるやろ？ これ、文学史としてのジャンルは何？ たとえば**『源氏物語』**だったら**〝作り物語〟**ですよね。で、**『徒然草』**は**〝随筆〟**。じゃあ**『平家物語』のジャンルは？**

生徒・戦争。

望月・違うって…（笑）。**〝軍記物語〟**だよ。戦記っていう言い方だったらあるけど、戦争はダメ。ふつう選択肢で、文学史の問を出したときは、**軍記物語**とか、**軍記物**と答えること。

で、**入試でもこの「しむ」は軍記物語なんかの漢文調の文章でしか普通は出てこない。**他には**説話**とか、歴史物語の**『大鏡』**とか、総じて男性的な文体で使われるんです。「軍記物語などの漢文調の文章で用いる」と覚えておいてください。だから皆さんがよく読まされるような古典の文章では、もっぱら「す」か「さす」が出てくる。

じゃあ、「す」と「さす」はどこが違うか。これは**接続が違うだけ**で、意味の違いは何もありません。接続はどっちも**未然形**だけど、「す」と「さす」にはそれぞれ縄張りがあるんです。**「す」は四段とナ変とラ変に付く。それ以外の動詞は「さす」に付く。**

ヤクザのシマで言えば、俺の組はミナミを縄張りにするから、キタはお前とこが面倒みろやと言うようなものです。同じ未然形でも、俺は四段とナ変とラ変に付いたるから、お前、それ以外の動詞に付いてくれや、という協定が「す」と「さす」の間にできた。実はこの違いは、前の回でやった「る・らる」にもそのまままあてはまります。

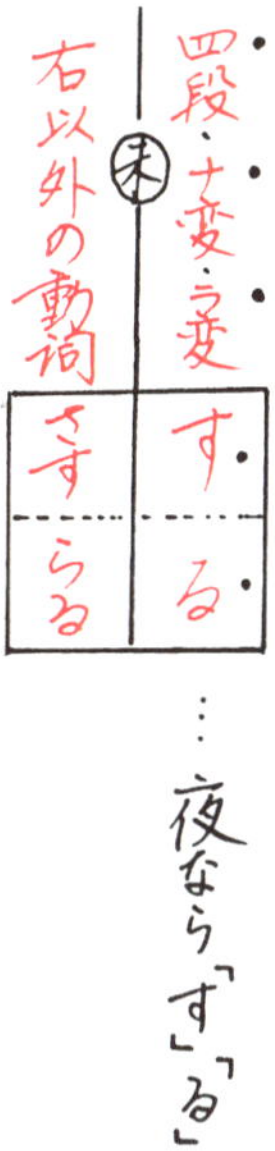

だから皆さんは、この**接続の違い**を念のため覚えておきましょう。ぼくは受験生の時、先生から〝**勉強は四・ナ・ラ「す」「る」**〟と覚え方を教えてもらって、すぐに覚えました（笑）。皆さんにもお伝えしておきますね。

「す」と「さす」はそんなふうに接続が違うだけで、意味は**「使役」**と**「尊敬」**です。人を使役して、何かをさせる人は偉い人が普通なので、そこから「尊敬」（～ナサル・オ～ニナル）の意味が派生しました。

「尊敬」か「使役」かの判別法

では、「使役」と「尊敬」はどうやって区別するかですが、とりあえず文中に「す・さす・しむ」が出てきたら、文脈判断以前に、まず次のことを先に見てください。**〝下に「尊敬語」といわれる敬語があるかどうか〟**。

で、まだわれわれ敬語をやってないんですが、心配しなくても大丈夫。この下に出てくる尊敬語といったら、具体的に**「給ふ」**か**「おはします」**か**「まします」**か**「らる」**のどれかです。

入門期には、そう単純にわり切っておいていいと思います。だから問題に**「す・さす・しむ」が出てきたら、こういうものがあるかどうか先に見てほしい。**パッと見てこれがなかったら、そういうのを**「単独用法」**というんだけど、**使役の助動詞としか考えられないんです。**

たとえば、問(1)は「下部に酒飲まする」、もちろん訳で考えていただいてもいいですけれど、**下に尊敬語がない。**ですから、これはもう**使役**にしかなりようがない。

逆に、もし尊敬語があったらどうするか。本によっては、下に尊敬語の「給ふ」とか「おはします」がきて——具体的には「せたまふ」とか「させたまふ」とか「しめたまふ」とかなっているときには、上の「す・さす・しむ」は尊敬でとりなさいよ、と書いてあるものもある。だけどそれはあくまでも尊敬のケースが多いということであって、形だけでは判定できませんから皆さんとしてはやっぱり**尊敬になるか使役になるか、文脈判断しないといけない。**

具体的に**【問題】**で見ていきますと、(2)は「せ」の下に「たまふ」があって、(3)は「させ」の下に「たまふ」があります。さあ文脈判断ということなんですが、こういうときに、慣れない間はこう考えていただくといい。

「す・さす・しむ」を指で押さえてかくし、ないものと考えても文の意味がすんなり通じるということだったら、「す・さす・しむ」は「尊敬」、通じなかったら「使役」。

まず(2)から見ていきましょう。

> (2) 上、御覧じて、いみじう驚かせたまふ。

この**「上」**《うえ》を四角で囲んでください。これ、**重要語**に登録されてますね。よく出るやつ。受験生は覚えとかないとダメ。どういう意味?

生徒・**「天皇」**。

望月・そう、天皇。でも、入試で要る意味は三つある。今言ってくれた「天皇」、これが一番大事なんですよ。大事なんですけど、案外盲点になるのがもう二つあんねん。あと何があったっけ?

生徒・天国。

望月・天国はあかんわ(笑)。教えたって、次の子。

「す・さす・しむ」の判別法

☀（意味）①使役「～サセル」
　　　　　②尊敬「ナサル、オ～ニナル」

使役←ナイ　（例）人に聞かす。

す
さす
しむ

（尊敬語）
給ふ
おはします
まします
らる

尊敬 or 使役 ←アル　（例）大臣、文書かせ給ふ。

（文脈判断）「す・さす・しむ」をとっても文意が通じるかどうか。

⇒
通じる時→尊敬　（例）大臣、筆をとりて文書かせ給ふ。
通じない時→使役　（例）大臣、人に命じて文書かせ給ふ。

生徒・**「貴人の奥方」**。
望月・そう、「貴人の奥方」。その通り、えらい！『源氏物語』で葵の上とか紫の上って出てくるでしょ。えらい貴族の嫁はんが「上」や。これ、ときどき引っかけられるから気いつけときや。大半は天皇だけどね。

それから、案外皆さんがご存知ないのが、こういう使い方です。急に読解の話をしますけど、こんな問題だったらどう訳します？

花の上歌に詠む。

そのまま「上」じゃ、ちょっと具合悪いな。「上」の前後に書いてあることをよく考えて、何とかつないでみてくれる？　でっちあげでもいいから。

生徒・**「花のことを歌に詠む……」**。
望月・うん、そうそう、そんな感じ。

「身の上話」ってあるでしょ。その人の身に関することを話すことやな。つまりこの「上」は、**「〜に関すること」**。それから場所をあらわす「上」は、天皇がいらっしゃる**「清涼殿の殿上《てんじょう》の間」**。意味がいっぱいあるから、入試のときには気をつけてくださいね。

◎「上」の意味

① **天皇**
② **貴人の奥方**
③ **殿上**
④ **身の上、〜に関すること**

元へ戻りまして、(2)はふつうに「天皇」で結構。さて、その天皇が主語で、「御覧ず」だから、「天皇が御覧になって」、この**「て」**にマルをしてください。

接続助詞「て」の原則

これもまだ助詞をやってないんで、先走りして悪いんですけど、高一ぐらいで習ってるはずや。「て」って、何助詞だったっけ？

生徒・接続助詞。

望月・うん、接続助詞。えらい！

接続助詞ということは、文と文を接続するんだから、英語ふうに書いたら〝S＋V〟と〝S＋V〟をつなぐわけね。この**「て」という接続助詞の性格は、前の主語と後ろの主語が原則として変わらない。**

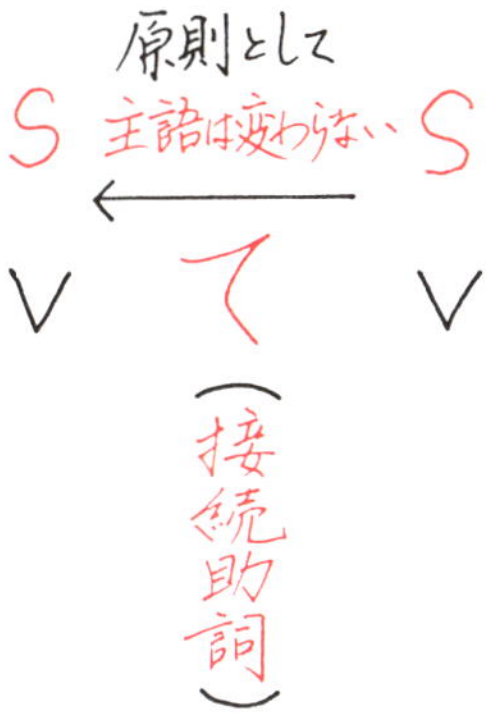

原則としてですよ。人間のことばだから、そりゃ中には例外もありますけど、原則としてこの「て」の性格は〝**前の主語と後ろの主語を変えない**〟。

とすれば、これ読んでいくときに、「天皇は何かを御覧になって」の「て」をはさんで、**次も天皇の動作**だということがわかるね。

さて、「せたまふ」というふうに、「す・さす・しむ」の「す」の連用形「せ」の下に「たまふ」が出てきました。まず、**この「せ」を消して訳してみましょう。〝天皇は何かを御覧になって、天皇はたいそう驚きなさった〟**。全然おかしくない。だったらこれは**尊敬**とする。**(2)は尊敬**です。これはみんな結構合ってたみたいですが、続いて同じ要領で(3)を見てみます。

(3) 童おろして、雪まろばしせさせたまふ。

「童《わらは》おろして」の「て」にマルです。この短文には主語が書いてない。書いてないから、とりあえず「だれかわからんある人が」でよろしい。ある人が、子どもをおろしたということは、「座敷の上から下へおろして」ということです。

御殿の上からおろして、ここで**接続助詞の「て」**をはさんでいるから、**次の文も「ある人」がそのまま主格**です。それで**「させ」を指で押さえて**訳してみると、「雪まろばし」——「雪ころがしをなさる（雪まろばしの下の「せ」はサ変動詞です）」、そうなりますね。

考えてみたら、ある人が子どもを地面におろして、自分が座敷で雪ころがしをしたら、これはちょっとおかしいね。だからこの場合は、**「ある人が子どもを地面におろして、その子どもに雪ころばしをさせなさる」、と使役でとらないと意味が通じない**。「す・さす・しむ」の後ろに尊敬語がきたときは、まあそんな要領で考えてほしい。

軍記物語の語法

以上が基本なんですが、ちょっとおもしろい問題もあります。超頻出とはいいませんが、難関私大とか、国公立では時々ある。ぼくの友達の高校の先生に聞いたら、入試に出るわりには高校では教えるところもあるし教えないところもあるらしいんです。ちょっと、次の文、考えてみてくれる？　習っとったらすぐわかるけどな。

家の子郎等人に討たせ、
わが身手負ひ……。（平家物語）

よくあるパターンです。傍線部に、今われわれが勉強してる**「す」という助動詞の連用形「せ」**が出てきます。ここを訳しなさいというんだね。「関関同立」なんかの難関大学、あるいは国公立の二次試験なんかで出るときは訳させることが多い。

一方、文法問題として出題されることもありますよ。そんな時は、「せ」だけに傍線を引っぱってある。

まあ皆さんには難しいほうでやってもらいましょう。もし「訳しなさい」という問題が突きつけられたら、どんな解答を出すかな。博士、間違ってもかまへんで。まだ、これ教えてないからな。今日初めて見る問題や、間違ってもしょうがない。さあ、やってみようじゃないか。

生徒・尊敬。

望月・尊敬？　それは助動詞の意味だね。それで、訳はどうなる？

それより、これ尊敬といったらちょっとおかしくないか。さっきやったやろ。**文脈以前に「す・さす」が出てきたら、まず下を見なさい**と。この場合、下に読点（、）しかない。「給ふ」も「おはします」もない。**下に尊敬語がないものは、絶対に尊敬になるわけないやろ**。さっきどう書いてあった？

生徒・使役。

望月・うん、**使役**。

それがふつうの高校生とか受験生が考えることですね。よし、ここに使役が出てきたぞと。だって、「す・さす」は使役か尊敬しかないのだから、これは使役や。

では次。訳ですね。ちなみに**「家の子郎等《ろうどう》」**、「ろうとう」と読む人もいますが、「家の子郎等」といったら、『平家物語』の場合、**鎌倉時代の武士の家来**をいう。だから、「家来たち」と訳したらいい。「家来たちを人に討たせ」、「わが身手負ひ」――それで「自分も傷を負って」というんです。

ハイ、まず単語の話ですが、**「手」**というのは、今〝ケガした〟と言ったけども、平安時代は「文字・筆跡」という意味で使われました。

◎「手」の意味

①**文字・筆跡**
②**負傷**

②の場合、「彼女は恋の痛手でブルーに入ってる」とか、「戦争で深手を負って」という表現が今でもあると思いますが、この「手」は**「負傷・傷」**のことを

言います。

で、この自分自身と家来たちの関係を考えてみると、まあ、その武将がおって、ある武将が家来たちを人に討たせ、そして自分自身も戦争で負傷をした。ちょっとしっくりこないですね。自分の家来たちを人に討た**せる**ということがあるだろうか。戦争だから、傷を負うぐらい自分も戦ったんでしょう。そしたら、勝ちたいのになんでそんなことすんねんと。ちょっとなんか困った文なわけで、訳すとするならばこうでなければならない。

「家来たちを人に討たれて、そして自分自身も傷を負って……」

要は、**これは使役なんだけど、「受身」でとらなければいけない**ということなんです。

そうすると、みんな困るでしょ。〝何言ってんのやおまえ、さっき使役と尊敬しかないって言ったのに、なんで受身やねん〟と思われるかもしれませんが、これについては**特記事項**として、次のことをメモしておいてください。これはちょっと基本を逸脱するかもしれないけれども、せっかくいい機会ですから。

軍記物語の特殊用法（合戦の場面）

受身「る・らる」の代わりに使役「す・さす」を用いることがある。

＝武者ことば

訳→「受身」で

文法的説明→「軍記物の特殊用法」

（例）景経《かげつね》、内甲《うちかぶと》を射させ（られ）てひるむ……

軍記物語特有の語法というのがいくつかあって、難関大は出すことがあるんです。今やってもらったのがそれ。

ひとことでいうと、『平家物語』のような軍記物語では、**受身の「る」「らる」で表現しないといけない文脈のところで、「る」「らる」の代わりに使役の「す」「さす」を用いることがある**、というもの。これ、そうですよね。本来「家の子郎党は人に討たれ」って書かなければいけないところを、「討たせ」って書いてある。

なぜこんな変ないい方をするんでしょうか。実は、こういうのを**「武者ことば」**っていっています。武士は誇り高いですから、人に負けたくない。それで、「やら**れ**」ても「やら**せ**」たっていったり、「射ら**れ**」ても「射さ**せ**」たっていったりするんです。「やられ」たって受身でいうと、いかにも弱そうでしょう？　だから強がって、ホントは自分のほうが強かったけど、敵のやつがかわいそうだったから、お情けで「やらせ」てやったって表現する。受身を使役にするんですね。「射られ」たのを認めるのはくやしいから、「射させ」てやったと強がりをいう。そうすると、誇り高い武士のプライドが保たれる。

たとえばここに、空手の達人がいたとします。達人なんだけど、酒に酔っていて、ホストのお兄さんか何かにポカリとなぐられてしまった。でも「なぐられた」っていうと、いかにも自分が弱そうでくやしいから「有段者の俺が本気でやるわけにはいかないから、ちょっとだけなぐらせてやったんだ」っていっとく。そういっとけば、達人のプライドは保たれるんですね。

そういうわけで**軍記物特有の〝武者ことば〟というのがあって、受身の代わりに使役を使って、〝あいつにこうさせてやった〟という表現をする**んです。これも皆さん押さえといて、入試で〝訳せ〟といわれたら、ちゃんと受身で訳を付けられるようにしておくこと。使役で「人に討たせて」って訳したらいけませんよ。

それと、文法的説明を求められたら、これは心配せんでも、今もう全部マークですから、もちろん**〝軍記物の特殊用法〟**というような選択肢を選ぶこと。ただし、こんなのが出るのは、「軍記物」でも合戦の場面、武士同士がつかみ合いのケンカをする場面に限られますよ。いくら「軍記物」でも、女の人が出て来て歌を詠むといった、隠やかな場面では使われません。

問題■全訳・答

(1) 召し使いに酒を飲ませることは注意すべきである。 **《答 使役》**

(2) 天皇は御覧になって、たいそう驚きになった。 **《答 尊敬》**

(3) 童をおろして、雪ころがしをおさせになる。 **《答 使役》**

第7回 助動詞「む・むず」

それではいよいよ、助動詞を勉強するときには、もうほんとにヤマになる**「推量系統の助動詞」**。これに移りたいと思います。まず、この三題からやってみてください。

問題1 **傍線を付した助動詞の意味を記せ。**

(1) 恋しからむ折々とり出でて見給へ。

(2) いざ桜我も散りなむ。

(3) わが宿の花橘にほととぎす今こそ鳴かめ。

む（＝ん）

この傍線部分の「む」は助動詞ですが、どういう**意味・用法**で使われているか。**完了**とか**打消**とか、**使役**とか**尊敬**とか、そういう答え方をしてください。訳せというんじゃないですよ。

「す・さす・しむ」はわりと楽にやってくださったようですが、こんどはちょっと苦しんでるようですね。「む」という助動詞、これも言っとくことがある。これは**「ん」と書いても、意味は全く同じ**ですよ。表記は違っても、意味は同じ。〃それじゃあ、なんでどっちかに統一せえへんねん〃とおっしゃるかもしれないけれど、**平安時代に〃m〃と発音してたのが、平安の終わりごろにだんだん〃n〃と発音されるようになって、自然に表記のほうも「ん」と書くようになったわけ。**だから平安中期、古文の黄金時代の文献は、全部この助動詞は「む」と書いてある。

ちなみに、**中世以降、〃n〃をさらに〃u〃と発音するようになって、これが現代語までつづいています。**たとえば「行かむ」は、

「行かむ」（**平安時代**）
↓
「行かん」（**中世**）
↓
「行かう（コウ）」（**現代**）

こんなふうな変化を経て、現代に至っているわけです。要するに、「む」はわれわれが普段、毎日のように使っている「う」の直接の先祖というわけですね。

推量の助動詞の種類

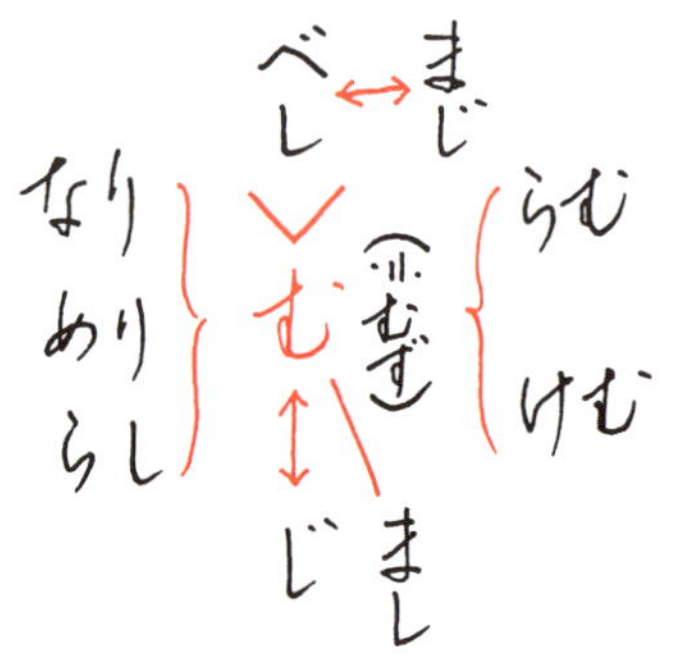

助動詞「む」は「推量」です。「む」の名前を「推量」って、古文の先生はみんな呼びますね。推量の助動詞を勉強する時に、なんで「む」から入るかというと、他に「推量」と名のつく助動詞がいっぱいあるからなんです。

まず「む」には兄弟が二人いるでしょう。**「らむ」**ちゃんというメスの助動詞と、**「けむ」**くんというオ

スの助動詞がいる。それから、親戚に**「なり」**さん、**「めり」**さん、**「らし」**さんがいる。

それで、この「む」を打ち消したものに**「じ」**。「む」より強いものに**「べし」**。それを打ち消したものに**「まじ」**。で、ちょっと遠縁の親戚に**「まし」**。ざっと数えただけでもこれだけいるわけで、皆さんはこれをいまから少しずつ押さえていかないといけない。

まずは、一番中央のキーステーション「む」からやっていこうと思います。「む」がはっきりわかってなかったら、これからやることがなんにもわからなくなるわけですよ。

そこで始めに、この推量グループの親方「む」の意味がいくつあるか、はっきりしとかないとね。まず、「推量の助動詞」って名前が付いているぐらいだから、推量の使い方があるだろうな。**「推量」**、それから？

生徒・**「意志」**。

望月・「意志」、そうそう。

生徒・**「勧誘」**。

望月・なるほど、君えらいね。あとは？

生徒・**「仮定」**。

望月・あと一つ。

生徒・**「婉曲」**。

望月・よっしゃ、五つもある。これでもう分けられるやろ。じゃあ次に訳語を書いていこうか。

①**推量**は**「～だろう」**、これはわかるな。②**意志「～しよう」**、これも大丈夫だよね。勧誘わかる？

生徒・「～だなあ」。

望月・違う違う。博士、言ってやって。

博士・「～するのがよい」。

望月・うん、**「～するのがよい」**というのが、③**勧誘**ですね。

④**仮定**、これは**「もし～なら」**。で、ぼく気になるのは次の⑤**婉曲**なんですけど、今、ちゃんと「えんきょく」と読んでくれたな。このごろの若い人、これ「わんきょく」と読む人おるからな。いや、気をつけとかないと、学校で先生でもいるで。ぼく、昔塾に通ってたころ、教室の前を通ったら、「む」の意味は

「仮定」と「わんきょく」やといって教えてた（笑）。

もう一つ気をつけていただきたいのは、**訳し方**です。**婉曲**というのは、今でも「婉曲にものを言う」とか言いますけれども、意味は**「〜ような」**ですね。今の皆さんの表現でいったら、「〜みたいな」ということばを使うでしょ？

たとえば、そうですね、英語の先生としゃべってて、「先生、私英語がわかれへん」、そうは言えないでしょ。英語を教える先生に、英語がわからないってはっきり言うたら失礼でしょ。そんな時、こんなふうに言いませんか。「ちょっとわかれへんかなあみたいな、気がするんですけど」。こういったら少しやわらかくなるんですね。それがまあ、きちんとした日本語でいったら、「〜ような」ということなんです。

だから**婉曲というのは、ストレートに言ったらいいことを、まわりくどく遠まわしに言う表現**です。でも、時と場合によっては使ってはいけないんですよ。就職試験で、「あなたなぜこの会社受けたんですか」と聞かれたとき、「はい、将来性があるからです」とストレートに言わないといけないよね。それで、初めて意味が相手に伝わるんです。下手に、「いやあ、将来性があるかなあみたいな」と言ったら、「そんなに心配だったら来るな」と言われちゃうかも知れない……。

だから**婉曲の「む」が出てきたら、受験生は最初のうちは不安だろうから、「〜ような」と訳してもいいんですけど、不自然だと思ったら無理に訳さなくてもいい。**「〜みたいな」というのは、今でもそうですけど、むやみに使うと具合が悪いですからね。

ついでに**「む」の活用**も見ておきましょうか。これは**動詞・四段型の活用**やな。

	未然	連用	終止	連体	已然	命令
む	○	○	む（ん）	む（ん）	め	○

ということで、**【問題1】**の傍線が引っぱってあるところの意味を言っていただこう。**(1)は何？**

生徒・**「婉曲」**。

望月・うん、「婉曲」。(2)はどうでしょう。

生徒・**「推量」**。

望月・じゃあ(3)はどう?

生徒・わかりません。

望月・わからんか。よしよし。

最初はこんなもんやね。だけどな、君たちにも言っておくわ。きのう、ぼく代ゼミでこれ、今年入ってきた子に教えたんです。四月に一度教えて、この「む」の見方全部言って、それで昨日久しぶりにおさらいしようと、やってもらったんですわ。でも、半分以下しかできへん。

　ということは、毎年そうだけども、いくらこれ大事だからと言ったって、なかなか覚えてくれない。この講義は文法だから予習できなかったらやらなくてもいいですけど、復習はやっといてくださいね。で、夏休みぐらいから、今度はもう少し難しい知識を使いこなせるようにならないといけません。とりあえず、入試問題を解く上で武器になることは早く覚えてくださいよ。後半戦は、これを使いこなす練習に入っていきますから。

「む」の意味の識別

　で、**「む」の見方**ですが、人間でも向こうから人が来たら、まず〝きれいな人やな〟とか、〝面白い顔の人やな〟とか、〝サルみたいやな〟と思うより先に、まず男か女かってパッと見分けるでしょ。無意識にね。「む」も一緒。

「む」があったら、これぼく、**「すいかかえ」**(西瓜《すいか》買え)って覚えといて下さいっていつもいうんですけどね。「推《す》・意《い》・勧《か》」、「仮《か》・婉《え》」に分けてほしいんです。

　こうやって覚えておけば、見てすぐに、絶対だれにでも分けられる。つまり、**「――む。」で文が終わるときには、「推《す》・意《い》・勧《か》」で意味をとる。**「む」が文末に来ている場合は、「推・意・勧」にしかならないということです。

　それに対して、位置的に文の途中、ということは連体形ですね。終止形の「む」で文が切れるんじゃなくて、**文の途中で連体形の「む」が使われている。そのときは絶対に「仮《か》・婉《え》」にしかならない。**

「む」の意味

ス 推量（〜ダロウ）
イ 意志（〜シヨウ）
カ 勧誘（〜ガヨイ）

――― む（文末）。

（例）彼、行かむ。
（例）我、行かむ。
（例）汝、行かむ。

カ 仮定（モシ〜ナラ、ソノ）（モシ〜ナラ、ソレ）
エ 婉曲（〜ヨウナ）＝訳さなくてもよい

――― む（文中）＝（連体形）――― 。

（例）花の咲かむを見る。
（例）師の教へむことを聞け。

(1) 恋しからむ折々とりでて見給え。
(2) いざ桜我も散りなむ。
(3) わが宿の花橘にほととぎす今こそ鳴かめ。

ということは(1)はだれが見たって、こんなところでマルが打てるわけはないですよね。**文中**ですもん。これ、下に名詞があるから、**連体形**です。さっき、彼女は**「婉曲」**と答えた。それでいいと思いますよ。

(2)は**文末**に「む」があるから、「すいか」のほうの推量をとった。正解ではありませんが、考え方としては、これもとりあえずはいいと思います。第一関門は、皆さん突破。(3)については「わからない」って答えてくれたけども、これも**「すいか」のどれか**ですよね。推量か意志か勧誘でしょう。

さて次は、「推《す》・意《い》・勧《か》」と「仮《か》・婉《え》」のそれぞれをどう区別するかということなんだけど、便宜上**「仮定・婉曲」の用法**のほうから話しましょう。これはね、結論から先に言ったら、**文中にある「む」は「仮《か》・婉《え》」のどっちでとってもいい**。

(1)に戻って、これ「婉曲」っていったけど、「仮定」って書いた人いる? いたら手上げて。うん、マルや。だって両方に訳せるもん。「恋しいような折々に」――これ、天人が迎えに来て竹取の翁と別れる時のかぐや姫のセリフなんですけど。「私が恋しいようなときに、おじいさん、この手紙を取り出してみてください」ということだね。さっき言ったけど婉曲は、「恋しいような折々」といったらなんかくどいから、「ような」をとってしまって「恋しい折々には、この手紙を取り出してみてください」と訳してもいい。

一方、**仮定**。「もし恋しかったならば、その折々にこの手紙を取り出してみてください」。これでもおかしくない。だから、**仮定でも婉曲でも自分の好きなほうをとればいいん**です。

ところが世の中には、意地悪な人というのが必ずいますね。ちょっとこの**【問題2】**を見て。

問題2 **傍線部(a)、(b)の助動詞の意味として最も適当なものを、それぞれ次の中から一つずつ選べ。**

「玉淵はいと労ありて、歌などよく詠みき。この鳥飼といふ題をよくつかうまつりたらむ(a)にしたがひて、まことの子とは思ほさむ(b)」と仰せ給ひけり。

(ア) 仮定　(イ) 推量　(ウ) 意志　(エ) 婉曲　(オ) 適当

⒜と⒝と両方「む」がありますが、⒝のほうの「む」はカギカッコの終わりで、カギカッコの終わりは習慣としてマルは打たないけれども、これは文末ですね。だから**⒝は「推《す》・意《い》・勧《か》」のどれか**で、正解は(イ)か(ウ)でしょう。

で、⒜のほう。これは**文中**ですので、(ア)か(エ)が解答でしょう。ぼくが今言ったことに従えば、解答は(ア)でも(エ)でも、どっちでもいいということになりますが、選択肢で別々に分けられたら、やっぱり一つ選ばないと具合がわるい。

そこで、これはあくまでも、こういう意地悪な問題があったときの対策ですが、**「む」の真下に名詞があるものは〝婉曲〟にとったらいい**。で、「む」の下に名詞じゃなくって**助詞がきてるものは、〝仮定〟にとるといい**。選択肢に婉曲と仮定と両方出すなんて困った問題なんですけど、実際こんなのが出ることもありますから気をつけてください。

たとえば**【問題1】**の⑴の場合、下は「折々」と名詞ですから、まあ**〝婉曲〟**にしとけば無難だろうということです。

これで、仮定・婉曲の話はすべておしまい。これだけのことを、二か月ほど経ったら忘れてしまう。悲しいかな！ 絶対忘れないでください。

文中の「む」

む

助詞……**〝仮定〟と判別！**

(例) 花の咲かむ**を**見る。(もし花が咲いたなら、それを見る)

名詞……**〝婉曲〟と判別！**

(例) 師の教へむ**こと**を聞け。(師の教える〈ような〉ことを聞け)

文末「む」の考え方

じゃ、**「推《す》・意《い》・勧《か》」**のほうへいこう。文末にある「む」ですが、これは推量・意志・勧誘と意味が三つあって、ちょっと具合が悪いんです。ぼくもこれは経験があるんですが、高校生の時に学校の先生どうやって教えてくれたかというと、一瞬ぼくも喜んだんですけどね。先生が気楽にしてくれたんねん。「古典文法といっても、英語と一緒や。これな、英語の"will"ってあるやろ？　それと同じや」と言って気楽にしてくれるんです。

だから、"I will"ときたら「意志未来」というように、その古典の文の**主格が一人称になれば、「む」は意志でとるといい**と。たとえば**【問題1】**の(2)がそうですね。「我」が主語だから、「む」は意志。

それで、**英語の三人称にあたるものがきたら、これはまあ推量**と。で、目の前におる**二人称には「おまえこうするのがいいよ」**というわけですから、**これは勧誘でとる**と。ようこんなことが参考書にも書いてあるし、テキストにも書いてある。ぼくも言うことはあるんですけれど、これはあくまでも原則ですよ。皆さんにこの講義の中でぜひお願いしときたいことは、いつもこういうパターン通りになると思わないこと。特に主語が一人称の場合に注意！

たとえば常識で考えたって、こんな文あるでしょう。「これだけ勉強すればおれはたぶん、来年は大学生になるだろう」。**一人称を主語にしたって、推量の文ってあり得る**でしょ。だから、これは**目安程度**にしとかないといけない。よく言われるから、知っているのは別にかまわないけれども、必ずそうなると思ったらダメ。和歌なんかでも、主語が一人称なのに意志では不自然な例がよく出てくるからね。

それともうひとこと言いますと、古典って主語が書いてないことが多いから、いくらこんなこと言われたってわからないって面もあるでしょ。**【問題1】**の(2)みたいに、はっきり「我」と主語が書いてあるほうがむしろ珍しい。その点は、英語と大いに違うところですね。

主語が書いていないものを、主語から「む」の意味を追跡しろなんて、むちゃな話です。書いてない主語を文脈から割り出すような芸当ができる人なら、その時点で「む」の意味だっておぼろげにわかっているはずだよ、きっと。だからこれはほんとの目安で、使える時には使うといった感じでとらえておいていただいて、決して一〇〇%そうなるとは思わないこと。**推量か意志かは文脈を吟味することがやっぱり一番の得策、近道です。**心配しなくても、推量と意志では意味が全然違うから、よほどのことがないかぎり間違えることはないと思います。

勧誘の構文

勧誘という用法は、そうめったやたらと出てくるもんじゃない。そうですね……予備校で一年、読解の授業を受け持っていても、ある一つのクラスで一個か二個、本文中に勧誘の「む」が出てくるといった程度。

勧誘という用法は、これはどういうのかなあ……。たとえばこうしてくもっている空を見て、「ああ、明日は雨になる**だろう**」といったら、これ推量。だけどこの「だろう」を強めて、たとえばこの一番前の彼に、「おまえ勉強する**だろう!**」ときつくいったら、これ脅迫してるんですよね。〝この子が勉強するにちがいない〟って、推量してるわけじゃない。

文法用語では勧誘ですけど、ほんとはこれ、命令してるんです。「君、勉強するだろう!」ということは、「君、勉強するのが身のためや、それがええよ」と言ってる。ちょっと強引な人が、女の子に、「君、俺と付き合うだろう!」と「だろう」を強めていったら、「付き合うのが身のためや、そのほうがいいよ」といってる。決して、「あなたは私と付き合うことになるだろう」って推量してるわけじゃない。だから**勧誘というのは、本来はまあ脅迫なんですが、脅迫という文法用語使えないから勧誘にして、「〜がよい」って訳を付けてる**んです。

今ぼく、語調を変えて言いましたね。「雨が降るだろう」と弱く言ったら推量。「こうするだろう!」と**強めにいったら勧誘**。だから、古典でも同じように「む」を強めれば勧誘になりやすい。一番よくあるパターンは、**係り結びの強めの「こそ」を使う**。「こそ」を「む」の上に置いたら、これは「む」を強めて、形までひっくり返って「め」になってしまう。これで

「～だろう！」と強めたニュアンスが出る。これが代表的な勧誘の構文です。

勧誘の構文

① **係り結びの強意の「こそ」を使う→こそ……め**

② **強意の助動詞「つ」を使う→てむ**

③ **強意の助動詞「ぬ」を使う→なむ**

それから前にやりましたが、「む」を強めたいと思ったらもう一つの手だてがあって、**強意の助動詞「つ」と「ぬ」を使います。「てむ」**とか**「なむ」**。「て」や「な」が上にのっかって、下の「む」を強めるんですね。これもやっぱり「～だろう！」と強めていうニュアンスが出ます。

この三つの構文は、日本の受験生みんなが習うから、皆さんも知っておかないと具合が悪い。ただ、これも気をつけといてね。「『こそ……め』の『め』は勧誘が多い」ってどの本にも書いてある。多い、って書いてあって、全部絶対勧誘になる、とは書いてない。だから、たとえば**［問題1］**(3)の「わが宿の花橘にほととぎす今こそ鳴かめ」の「め」は勧誘があやしいけれども、**ほんとに勧誘か**どうかは、ちょっと用心して判断したほうがいいです。判断する時には、次の二つのチェックを忘れないようにしてください。

勧誘「む」の見分け方

まず一つ。もしほんとに**勧誘**であるならば、絶対に言えることは、**〝主語は二人称以外になるわけがない〟**。古文は主語が書いてないから、「こそ……め」の「め」が出てきたり、「てむ・なむ」の「む」が出てきたときには、**「強引に主語を二人称にして入れてみればいいんです**。これ、理屈で考えたらわかりますよ。人に勧誘するときには、普通**「おまえこうするのがいいよ」**となるでしょ。「君、結婚するのがいいよ」、「おまえ勉強するのがいいよ」、「あなたこの服買うのがいいよ」、と言いますね。

「こうするのがいいよ」って勧誘するとき、自分を主語にして勧誘したらおかしいでしょ。「おい、おれ、時間ないから、そろそろ先に行ったほうがいいよ」。これはおかしいですわな。**一人称を主語にした勧誘なんか絶対あり得ません。**

それじゃあ三人称はどうかといったら、これも変です。三人称はその場にいない人ですよね。ぼくを軸にしたらぼくが一人称、二人称が皆さん、三人称はここにいない人、たとえば語学春秋社の社長さん。ここで社長さんに「社長、明日、中華料理食いに連れていってくれはるのがいいよ」といったってここにいないんだから聞こえない。ということは、**三人称が主語になる勧誘もあり得ない**。

もしこの三つの構文がこうして問題に出てきたときに、ほんとに勧誘かどうかを考えるには、まず**チェック①**。**勧誘だったら主格は二人称しか考えられない**。それから②、**とりあえず勧誘で訳してみる**。こうしたら一番よくわかります。

やってみましょうか。**【問題1】**の(3)「わが宿の花橘にほととぎす」は「わが家の橘の花のところにいるほととぎすよ」という意味。で、「今こそ鳴かめ」で主語が書いてありませんから、**「おまえは」を強引に入れてみるといい**。それで**勧誘の訳をつけてみる**。**「(おまえは)今こそ鳴いてくれるのがよい」**、つまり、「おい、鳴けよ、ほととぎす」ということでつじつまが合いますから、これは**勧誘**と決まる。

勧誘「む」の見分け方

チェック①……主格として二人称を入れてみる。
チェック②……勧誘で訳してみる。「〜ガヨイ」

(例)「花を見てこそ(①あなたは)帰り給はめ(②帰りなさるのがよい)」

〔問題1〕の解答を確認しておくと、⑴**婉曲あるいは仮定**、⑵**意志**、⑶**勧誘**です。ということで、あらためて**〔問題2〕**を見てください。

問題2 **傍線部(a)、(b)の助動詞の意味として最も適当なものを、それぞれ次の中から一つ選べ。**

「玉淵はいと労ありて、歌などよく詠みき。この鳥飼といふ題をよくつかうまつりたらむ(a)にしたがひて、まことの子とは思ほさむ(b)」と仰せ給ひけり。

(ア) 仮定　(イ) 推量　(ウ) 意志　(エ) 婉曲　(オ) 適当

まず**傍線(a)の「む」**。これは**文中用法で下に助詞**ですから、正解は**(ア)仮定**ですね。

それから(b)のほうですが、これは訳してみないと困るかもしれません。状況としては、大江玉淵という貴族の娘が、なれの果てに遊女に身を落とすんです。で、帝と偶然に会う機会がありまして、帝がこう言うんです。「おまえがほんとにわしに仕えていた貴族玉淵の娘であるならば、歌が詠めるだろう」と。
これはその場面なんですが、「玉淵というのは何事にもたいそう心得があって、歌なども上手に詠んだ。もしおまえが「鳥飼」という題を上手に詠んだならば、そのことにしたがっておまえを玉淵のまことの子と私は思ってやろう」という文脈です。勧誘の構文ではないし、「私が思うだろう」ではしっくりこない。
ということで、**傍線ⓑ**については**ウ意志**ですね。以上が**「む」の意味の識別の原則**です。

助動詞「むず」のポイント

以上の話には補足がありまして、次は立命館大学の問題なんですが、なんの予備知識もなくいっぺん解いてみてくれますか。これ、やってもらうと、いろいろおもしろいことがある。

問題3 **傍線部を品詞分解せよ。**

娑婆にて子細あらむずるぞ。

（立命館大学）

品詞分解について、ここでちょっと注意しておきますね。
一般に、古文の入試問題で**「品詞分解をしなさい」**といわれたら、みなさんは単語で区切っていって、それぞれが品詞として名詞になるのか、動詞になるのか、形容詞になるのか、助動詞になるのか、助詞になるのか、その品詞名だけ書けばいい。**品詞分解の問題は、ふつう、助動詞の意味とか活用形は書かなくてもいい**んです。
条件がついてるときは別ですよ。「品詞分解をしなさい。ただし、助動詞には意味も書くこと」とか「品詞分解をしなさい。ただし活用形も書きなさい」みたいに、特別に条件がついている場合は、意味とか活用形も書いて、その条件をちゃんと満たさないといけない。でも、何も条件がなくて、ただ「品詞分解しなさい」といわれたら、品詞だけ答えておけばいいんです。

じゃあ、問題に戻りましょう。

これ、どう切ったらいい？　とりあえず、切るだけ切ってみて。

生徒・「あら」。

望月・それから？

生徒・「む」かな……

望月・（笑）はい、それから？

生徒・「ず」で切って……

望月・あとは「る」で一語？

はい、ありがとうございました。彼はちょっと自信なさそうでしたけど、みなさんはどうでしたかね。

彼は「あら・む・ず・る・ぞ」と切ってくれました。これはヤバイ。（笑）

「む」とまったく同じ意味をもつ助動詞に、「むず（んず」と書いても同じ）」っていうのがあるんです。

この「むず」という助動詞は、もともと「む」と「と」と「す」が合体してできました。**「む＋と＋す」で「むず」になった。**この「む」って何ですかっていったら、これはもちろん、推量の助動詞の「む」。「と」は何ですかといったら、まだ助詞やってないからちょっとみなさんに悪いけれども、格助詞の「と」。じゃ、「す」はといったら、これは前にやったサ変動詞です。

「むず」の意味は簡単なんですよ。「む」とまったく同じ。だから「むず」も、「推量・意志・勧誘・仮定・婉曲」ってことになりますね。意味の見分け方も「む」とまったく同じと考えてください。

それじゃ、何も勉強することないじゃないか、と思うかもしれませんけど、注意していただきたいことは2点あります。

推量の助動詞「むず」

まず「む」と「むず」のちがいです。これはあんまり入試に出ないから、さらっと確認しておくことにしましょう。

ひとことでいうと、「む」は**書きことば**で、「むず」は**話しことば**なんです。どういうことかわかる？　英語の「フレンド」ってことばがあるでしょう。あれ、日本語にしたらいろんないい方ができますよね。「友人」とか「ツレ」とか「ダチ」とか。（笑）

「友人」は小論文に書けることばですね。「私の友人にこういう者がいる」。でも、「俺のツレにこんなんがおるで」と小論文に書いたら具合がわるい。「友人」は書きことばで、「ツレ」は関西でよく使われる話しことばです。「む」と「むず」のちがいもこれと同じ。

「む」のほうは、文章語。書きことばです。だから、もっぱら地の文（会話文や和歌以外のところ）で使う**ちょっとかたい感じの助動詞**。

「むず」のほうは、当時の人が話しことばの中で使っていたから、これをみだりに文章に書くと品《ひん》がわるくなる。そんな**くだけた感じの助動詞**。

「む」……書きことば
「むず」…話しことば（推量の度合が強い）

あと、たいしたことじゃありませんが、高校の教科書にはちゃんと書いてあるから、ちょっと注意しておきますと、「むず」は「む」よりやや推量の度合いが強いということも言われています。でも、これはそれほど重要じゃありません。

大事なのは活用です。

「むず」は「む・と・す」がくっついたもの。おしりにサ変がくっついてできた助動詞ですから、**活用はサ変と同じようになります**。

	未然	連用	終止	連体	已然	命令
むず	○	○	むず	むずる	むずれ	○

“切りすぎ”に注意！（連体・已然）

サ変の「せ・し・す・する・すれ・せよ」によく似ているでしょう？　ホントは「むぜ・むじ・むず・むずる・むずれ・むぜよ」になるはずなんだけど、「む」と同じように、未然形と連用形と命令形がありません。それで、「○・○・むず・むずる・むずれ・○」。

気をつけていただきたいのは、**連体形と已然形**です。なんで気をつけないといけないかというと、切りすぎてしまうから。さっきの問題をもう一度見てください。

「あらむずるぞ」。「むずる」のところを、さっき答えてくれた彼は、「む・ず・る」って切ってくれましたよね。でもこれは、「むずる」で一語です。**「むずる」が推量の助動詞「むず」の連体形**。「む・ず・る」では切りすぎ！「むず・る」と解答する人も多いんです。これも切りすぎ。

已然形の「むずれ」にも気をつけてくださいね。よく「む・ず・れ」と切ったり、「むず・れ」と切る人がいます。どっちも切りすぎです。

さっきの問題の正解は、

娑婆にて子細あら《動詞》　むずる《助動詞》　ぞ《助詞》。

「むず」の連体形が「むずる」、已然形が「むずれ」。何度もくどいですけど、くれぐれも切りすぎには注意してください。これが「むず」のポイント。

問題1■全訳・答

(1) 恋しい折ごとに、(手紙を)取り出してごらんください。

《答　婉曲あるいは仮定》

(2) さあ、桜よ。私も(お前のようにさっぱり)散ってしまおう。

《答　意志》

(3) わが家の橘の花のところにいるほととぎすよ、今こそ鳴くのがよい。

《答　勧誘》

問題2■全訳・答

「玉淵は何事にもたいそう心得があって、歌などもたいへん上手に詠んだ。この鳥飼という題で上手に詠んだならば、それによって、(お前を)玉淵の本当の子と認めよう」とおっしゃった。

《答　(a)—ア、(b)—ウ》

問題3■全訳・答

人間世界でくわしい事情がわかるはずだ。

《答　あら｜動詞　むずる｜助動詞　ぞ｜助詞》

第8回 助動詞「らむ」「けむ」

前回につづいて、**推量の助動詞「らむ」「けむ」**を勉強していきます。まず**［問題1］**をやってみてください。

問題1 **傍線部の文法的意味を記せ。**

(1) 憶良らは今はまからむ。子泣くらむ。

(2) 唐土《もろこし》に咲くらむ花を思ふ。

(3) 昔こそ難波ゐなかと言はれけめ。

(4) 古《いにしへ》にありけむ鳥も、今は見ず。

はい、それではいったん鉛筆を置いてください。前回、推量グループのリーダーの「む」という助動詞をやりましたが、今日はこの「む」の兄弟**「らむ」**と**「けむ」**を見ていきます。この「む」と「らむ」と「けむ」はそれぞれどこが違うかというと、簡単にいえば**時制が違う**。

一般によく言われることは、「む」は一番推量らしい推量で、未来のことを推量する。「そんなことといったって、推量するのは未来のことに決まってるじゃないか。"will" 考えたらわかるじゃないか」っておっしゃるかもしれないですけれど、「今〜いるだろう」という推量もありますよね。時制が現在の場合の推量を**「現在推量」**といい、**「らむ」**はこれに使われます。

現在推量の「らむ」の特徴としてこういうことが言えます。**「らむ」は、今現在、目に見えないもの、その「らむ」を使う人間にとって目に見えないものがどうなっているか、ということを推量する助動詞**です。だから、「ぼくの目には見えていないけれども、今あれはいったいどうなっているんだろう」ということやな。

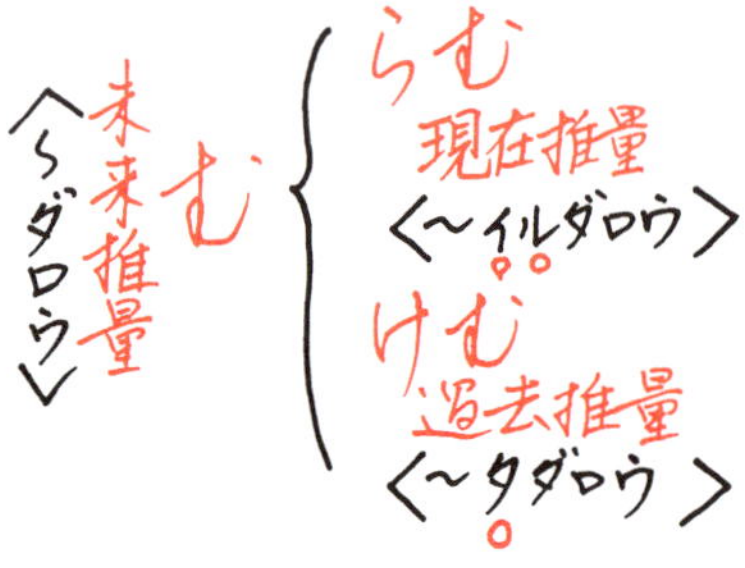

たとえば、みなさんのお母さん。みなさんのお母さんは今ここにいらっしゃらないけれど、みなさんのお母さんは、きっと今ごろみなさんのために食事の用意をしているだろう、これが**「らむ」**。目に見えないものが今こうなっているということで、原則として、見えたらいけないわけです。

それから**「けむ」**のほうですが、これは**過去の助動詞「き」と「む」が合体してできたもの**で、**「過去推量」**。時制が過去。これはわかりますね。今われわれは、大阪の梅田にいる。梅田は繁華街だと思ってますけれども、もともとは「埋め田」だったんですってね。だから、旭屋書店の裏にあるお初天神、今あそこ繁華街になってるけど、江戸時代は大変さびしい所で、お初という遊女と醤油屋の店員の徳兵衛が心中しにやってきたりした。そこで、「心中できるぐらいだから、ここは昔はさびしい所だったのだろう」というようなのが、**過去推量**です。

とりあえずこれだけ覚えておけばいいんですけれど、ちょっと難しい学校を受けに行きますと、この違いを心得ておくだけでは具合が悪いことがあるんです。そこを説明しておきましょう。

順序として、まず「らむ」のほうからいきましょう。

「らむ」の用法と意味

〜（文末）らむ。

→ 現在の

- **推量**「〜イルダロウ」
  （例）奥山に花散るらむ。
- **原因推量**「ドウシテ〜イルノダロウ」
  （例）花の上に、など雪の降るらむ。

〜（文中）らむ＝**連体形** 〜。

→ 現在の

- **伝聞**「〜イルトカイウ」
  （例）唐土《もろこし》に咲くらむ花。
- **婉曲**「〜イルヨウナ」
  （例）わが庭に咲くらむ花。

文末の「らむ」のポイント

推量の「む」には、文中での使われ方によって「推量・意志・勧誘・仮定・婉曲」とたくさんの用法があったよね。これと同じように、「らむ」の意味も、「～いるだろう」という現在推量だけではないんです。正確にいうと、今学校で皆さんが教えてもらう「らむ」の用法は四つある。**現在の「伝聞・婉曲・推量・原因推量」**の四つやな。これは**「伝婉《でんえん》の推原（＝田園の水源）」**と覚えておけばいいね。

意味のとり方は「む」の場合と同じ。**文中と文末に分けます。文中の「らむ」なら「伝・婉」、文末の「らむ」なら「推・原」。**

このうち、文末の「原因推量」っていうのは、今ほとんど入試には出ません。だから無視してもいいようなもんなんだけど、いちおう高校では教えられるから、まあ理屈ぐらいは皆さんにもお話ししておきましょうか。

たとえばここに、

奥山に花散るらむ。

という文があるとします。これは**現在推量**やな。意味は、奥山だから、今、わたしの目には見えないけれど**「花が散っているだろう」**。で、さっき言ったように、現在推量というのは、目に見えないものが今どうなっているのだろう、ということを推量する助動詞なんですね。

ところがもし、

目前に花散るらむ。

とあったらどうだろう。「目の前で、今花が散っているだろう」。これ、なんか変でしょう？　散っているかどうかは、目の前なら見ればわかるんだから。こんな時、われわれは訳の上で**「どうして」**ということばを補うんです。「目の前で、どうして今花が散って**いるのだろう**」。これならしっくりくるよね。これが**〝原因推量〟**。『古今集』という和歌のアルバムに例が多いんです。

近ごろ、国公立大学なんかで和歌の解釈を出すところが増えてきたから、高校で習う実際の用例をひとつあげておきましょう。

桜の花の散るを詠める

久方の光のどけき春の日に静心なく
　花の散るらむ

（光ののどかな春の日に、どうして落ちついた心もなく花が散っているのだろう）

入試に出る和歌

これは有名な歌です。和歌が出るといっても、**実際に入試に出題されるのは、高校で教わるポピュラーなものばかり**だから、心配ならそういう歌を一通りおさらいしておくといいですね。右側にこの歌が詠まれたシチュエーションが書いてあって、「桜の花が散るのを見て詠んだ歌」とある。こういう歌が作られたいきさつを説明した部分を**「詞書《ことばがき》」**って言います。「久方の」は**「枕詞《まくらことば》」**。「枕詞」は飾りだから訳しません。

この歌は、詞書によると作者が花の散る様子を目の前に見ているようだから、「今目の前で花が散っているだろう」では変ですね。これはやっぱり、書いてなくても**「どうして」**って補わないと理屈に合わないでしょ。訳の上で、「どうして」ということばを補わなければならないものを「原因推量」と言います。なかには、

花の上に、など雪の降るらむ

（桜の花の上に、どうして雪が降っているのだろう）

のように、「どうして」と補わなくても**「など（＝ドウシテ）」**と、初めから書いてある場合もあります。これも**原因推量**。こっちのほうが、自分で補わなくてもいいだけ楽だね。

要するに、文末の「らむ」は基本的には現在推量「〜いるだろう」でいいんですが、訳してみて「どうして〜いるのだろう」と取らないとしっくりこなかっ

たら、それは現在の原因推量ということです。この原因推量はあまり入試には出ないから、それほど神経質にならなくてもいい。そんな用法があると知ってくれるだけで十分です。以上が文末に「らむ」が出てきた時のポイント。

文中の「らむ」のポイント

次は**文中の「らむ」**ですが、これはただの現在推量では困る。ま、皆さん人によって受ける学校が違うと思いますけど、それこそ世間で中堅校といわれている学校でしたら、「らむ」は現在推量で「〜いるだろう」という知識だけあったら十分ですよ。でも、もうちょっと難しい学校受けるんだったら、それだけでは困るね。

文中に連体形で使われた「らむ」は婉曲と伝聞、ただし、**時制は現在**ですよ。「らむ」はあくまでも現在推量やからね。現在の伝聞・婉曲といって、文中用法で連体形の「らむ」はこのどっちかになります。**婉曲は「〜ような」**ですから、時制を現在にすると、**「〜いるような」**ですね。ただし婉曲ですから、訳すときは省略してしまっても構いません。「〜いる」を無理に訳し出さないで、単に「〜ような」としてもOKです。

伝聞というのは、人がどうこう言っているらしい、どうこう言っているそうだということですから、訳語は**「〜しているとかいう」**と覚えておこう。たとえば、ぼくが今日、語学春秋社の編集長が岡山のホテルに泊まるということを伝聞してるとしたら、「編集長は今日は岡山に泊まっているとかいうことだ」ですね。古典では、「泊まるらむこと」という使い方をします。

さて、ここでちょっと難しいことを言うようなんですが、入試問題では、「らむ」のこの現在の婉曲と伝聞というのを、たまにきちんと分けなければならないことがあります。今見てたら、「現在の伝聞婉曲」ってひとまとめにして答えてる人もいましたけど、もし**傍線部分を訳しなさいといわれて、そこに文中の「らむ」が入っていたら、伝聞か婉曲か、どちらかをとらないといけない。**この選択は**文脈判断して決める**しか手はないんですね。それじゃあ、具体的にやってみましょう。

まず(1)を見てください。

(1) 憶良らは今はまからむ。子泣くらむ。

憶良はもちろん、**山上憶良**《やまのうえのおくら》という**奈良時代の歌人**。貧乏だったことで有名です。お金がなくて子だくさんで困ってたんですが、宴会へ行きましたときに、こう言って引き上げてきた。「私、憶良めは」、「憶良らは」の「ら」は気にしなくても結構です。接尾語で自分を卑しめるときに使います。今の「め」ですね。「私、憶良めは今はまからむ」、この**「まかる」**は**「退出する」**という敬語の動詞です。**「退出いたしましょう」**、早い話が「帰ることにいたしましょう」ということやな。で、**「む」は意志**。

どうして帰るのかというと、「子泣くらむ」――「私の目には見えないけれども、今現在、私の家では子どもが泣いているでしょう」というんです。この**文末の「らむ」は現在推量**。これは大丈夫ですね。

次の(2)。

(2) 唐土《もろこし》に咲くらむ花を思ふ。

この「らむ」は**文中用法で連体形**。(1)の「らむ」とは違いますね。文中だから**伝聞**か**婉曲**です。

伝聞か婉曲かの判断は、訳して決めるしかないとさっきいいましたけど、文脈判断するときには**まず伝**

聞から訳していきましょう。理由はかんたんです。婉曲というのは訳さなくてもいい用法でしょう？　そんなの入試できいてもしょうがないと思いませんか。だって、わからない人が「らむ」を無視して訳せば、それで正解になっちゃうんですよ。

そこで、入試問題に「らむ」が出たときは、たぶん伝聞だろうと決めつけて、まず「〜いるとかいう」と訳してみるのが利口な方法です。それで訳が不自然でなければ現在の伝聞だということになります。(2)でやってみましょう。

「唐土」は中国のことですね。「もろ」もろの物が、海を「こし」てやってくる。だから、中国は「もろこし」。「らむ」を伝聞でとると、「中国に咲いているとかいう花を思う」という訳になります。全然おかしくないでしょう？　中国はあまりにも遠くて、ほとんどの日本人は行ったことがないんです。その行ったことのない中国に咲く花は、話に聞いている、伝聞しているだけなんですね。だからこれは**現在の伝聞**が正解。

「けむ」の用法

さて、「らむ」をやった勢いで**「けむ」**も片づけましょう。

こっちは楽なもんで、「けむ」は「ら」のところを「け」に変えて、時制を過去に変えるだけなんです。文末用法の「らむ」が現在推量だったら、**「けむ」**は**過去推量**。入試にはそんなに出ないけど、「どうして〜たのだろう」と、訳の上で「どうして」を加えないといけない文末用法の「けむ」は、**過去の原因推量**ということになります。

「けむ」の用法と意味

（文末）**けむ**。
↓
過去の
- **推量**「～タダロウ」
  （例）昔の人は言ひけむ。
- **原因推量**「ドウシテ～タノダロウ」
  （例）など忘れけむ。

（文中）**けむ**＝**連体形**　。
↓
過去の
- **伝聞**「～タトカイウ」
  （例）古《いにしへ》にありけむ鳥。
- **婉曲**「～タヨウナ」
  （例）わが言ひけむこと。

文末用法の「らむ」が「～いるだろう」と訳すのに対して、「けむ」の訳は当然**「～ただろう」**となる。

文中用法も「いる」のところを「た」に変えたらいいだけ。「現在の伝聞・婉曲」が、**「過去の伝聞・婉曲」**になるわけですね。「らむ・けむ」は兄弟だから、時制が違うだけ。一つ覚えたら、楽なもんです。

では、ノートが整理できた人から、問題(3)にいこうか。

(3) 昔こそ難波ゐなかと言はれけめ。

「こそ」の結びで已然形になっていますが、**文末**にありますので、単なる過去推量。「昔でこそ、難波は田舎だと言われただろう」。「～ただろう」で、ただの**過去推量**です。

(4) 古《いにしへ》にありけむ鳥も、今は見ず。

これに対して(4)は、文中にある連体形の「けむ」だから伝聞か婉曲です。伝聞か婉曲かの区別は訳して決めるしか手はありません。「けむ」の文中用法も「らむ」と同じで、**まず伝聞から**訳していくのが賢い方法です。

「昔いたとかいう鳥も、今は姿が見えない」。これで全然おかしくありませんね。「昔いた」ときいている鳥が、今はいないという文脈です。だからこの「けむ」は**過去の伝聞**が正解。

「らむ」の識別

それでは**【問題1】**はこれぐらいにしまして、**【問題2】**にいきましょう。入試で一番大事なのは、この**「らむ」の識別**なんですね。ちょっと気合い入れてやってみて。国公立大学、私大を問わずよく出る問題です。

問題2 **傍線「らん」と同じ意味・用法のものを、次のうちから選び、その番号を記せ。**

是《これ》は、まされるがほめけるをだに、からくとがめけり。況《いは》んや、おとれらん身にて褒美、なか〳〵かたはらいたかるべし。

(1) 筑波の国に湯あみにまからむ。
(2) 生けらんほどは武にほこるべからず。
(3) 思はむ子を法師になしたらむこそ心ぐるしけれ。
(4) 白露の色はひとつをいかにして秋のこのはをちぢにそむらむ。
(5) 言はむかたなくむくつけげなる物出で来て、食ひかからんとしき。

（同志社大学）

はい、そこでいったん鉛筆を置いてください。ちょっと、まだ慣れてないみたいですね。こういうのを「らむ」の識別といいまして、今勉強した現在推量の「らむ」。それから「らむ」といったら、ほかにもあります。この間勉強した完了の助動詞に、「り」ってあったでしょ？ この**完了の「り」、意味は何と何だった？**

生徒・**完了と存続。**

望月・人は見かけによらんなあ（笑）。そうですね、完了と存続。

完了の助動詞の「り」、これ「ら・り・り・る・れ・れ」って活用しますから、**未然形**は「ら」。この「ら」と、前回勉強したばかりの**推量の助動詞「む」**、あれがくっつく場合がある。形としては**「ら＋む」**で

「らむ」になるんですが、これが現在推量の「らむ」とまぎらわしい。パッと見たら、下が推量だけになんかよく似てて、訳も「だろう」と訳せるからややこしいんです。

【問題2】は同志社の問題です。同志社の文法問題は、標準的で解きやすい問題が多いんです。だから、どこの大学を受ける人にやってもらっても勉強になる。「らむ」の識別は、早稲田・上智のような難関私大はもちろん、センターや国公立二次でも必要ですから、みんながんばって勉強しておいてくださいね。

　これはどう分けたらいいかというと、**上の音でわかるんです。現在推量の「らむ」なら、ふつう上の音がu段音になる。「らむ」の上は「u」と覚えておくこと。**

「らむ」の識別

① ―u らむ → **現在推量「らむ」**

② ―e ら む → **完了「り」の未然形＋推量「む」**

③ ―a ら む → **「〜ら」となる活用語の未然形＋推量「む」**

　それから「ら＋む」のほうは、第4回にやりましたので、あれを応用してください（→71ページ）。**e段に付いた「ら・り・る・れ」は完了と見分けられる**というのをやったでしょ。だから**「らむ」がe段音に付いてたら、「ら」と「む」に分けること。「ら」が完了で、「む」が推量です。**

　それともう一個まぎらわしいのがあって、たとえばこんなやつ。「憶良らは今はまからむ」っていう文をさっきやりましたが、この「らむ」に傍線が引っぱってある。でも、これは「らむ」ではない。よく考えると、**「まかる」という動詞の未然形「まから」**に、**推量の「む」**が付いた形ですよね。だからこれ、何の「らむ」ですかといってるけど、本当は「らむ」じゃない。**「まから＋む」**だと。「まからむ」の途中から傍線引っぱってどうすんねんというような、そういうダマシにひっかからないように。

ちなみに、このダマシというのは、みんな**「〜ら」が、あることばの未然形になる**んです。**「む」は推量。**このダマシの「ら」の上は、全部じゃないけど**a段音が多い。**たとえば「まか（a）」というふうにね。これちょっと、気をつけといてや。まあそこまで心配しなくても「らむ」を指で消したらわかるけど……。上の「まか」だけじゃ何のことばか説明がつかないからね。

ということで、「らむ」というのは、こういうふうに音で見ていきます。これは頭に入れておいて下さい。**「らむ」は「u」に付く。「e」に付いたら、完了＋推量。だましは「a」が多い。**

では、本文に戻ります。「是は、まされるがほめけるをだに、からくとがめけり。況んや」、次「おとれ（e）」を伸ばして言ってみてください。**「e」**が残りますね。**「e」に付く下の「ら」だから、完了。**で、傍線引っぱってある「ら」の下は推量の「む」。だからこれは「らむ」を探すんじゃなくて、「e」に付く完了の「ら」と推量の「む（ん）」を探すわけですね。

まず(1)、「まか（a）」と**「a」**に付きます。さっきぼくが例に挙げてしまいましたけど、「a」に付くから、(1)はだましの文で×。

続いて(2)、「いけ（e）」と**「e」**に付きますから、**「ら」が完了、「ん」が推量。**

(3)は「なした（a）」と**「a」**に付きますから、だまし。「たら」にマルをしてください。「坊主にする、坊主になす」という動詞の下に付いた「たら」は、完了の助動詞「たり」の未然形ですよね。これも、だましですよ。それから、「たらむ」の「む」は推量です。

続いて(4)は、「そむ（u）」と音を伸ばしますと、**「u」**の音が残りますから**現在推量**。これは「らむ」ちゃんです。「らむ」で一語の、現在推量の助動詞。

(5)は、「食ひかか（a）」と音を伸ばしますと、「a」が残りますから、だましとわかります。動詞「食いかかる」の未然形に、推量の「ん」が付いたものですね。

そうすると、**正解は(2)**。完了「ら」に推量「む」がついたものです。合った人、どれくらいいます？あ、結構いますね。すごい、すごい、すごい！

問題1■全訳・答

(1) 私、憶良めはもう失礼して退出しましょう。（今ごろ家では）子供が泣いているでしょう。

《答　現在推量》

(2) 中国に咲いているとかいう花を思う。

《答　現在の伝聞》

(3) 昔でこそ、難波は田舎だと言われただろう。

《答　過去推量》

(4) 昔いたとかいう鳥も、今は姿が見えない。

《答　過去の伝聞》

問題2■全訳・答

これは、（相手より）優れている人がほめたのでさえ、（相手は）ひどく非難したのだった。まして、（相手より）劣っているような身で（自分より優れた人を）ほめるのは、かえってにがにがしいと感じられることであろう。

《答　(2)》

第9回 助動詞「らし」「めり」「なり」

前回は「む・らむ・けむ」の勉強をしました。「む」という助動詞は、これは推量の助動詞のリーダーで偉いんですけど、言ったら悪いけれども、これで表される推量にはわりと根拠がないんです。

たとえば、まあ博士は春休みからずっとぼくの講義に来てるからむちゃくちゃ言わしてもらうけど、この博士を見てぼくが「うん、この子やったら、来年の春は大学生になる。大丈夫だろう。受かるだろう」と言いたいとき、これは**「む」**を使う。「彼は大学に受からむ」。実際、何の根拠もないでしょ（笑）。ぼくが感覚で言ってるだけですね。**推し量《はか》ってるだけ**や。彼の偏差値も何も知らないのだから。

「推定」の助動詞「らし・めり・なり」

ところが世の中には、**ある程度の根拠をもって推量するような助動詞**があります。それが**「らし・めり・なり」**、これだけある。これも推量の助動詞ではあるけども、大半の先生は、この三つは推量と言わないで**「推定」**と言います。「推量」と「推定」、呼び名はまあどっちでもいいんだけど、入試の選択肢はどっちの言い方で出てくるかわからないから、出題者に合わせてください。記述の時は、むろん、どちらで答えてもいい。この講義では「推定」でいきますね。推量は訓読みしたら「推し量《はか》る」。推定は「推し定める」だから、こっちのほうが〝決定〟してるだけに強いんです。

「む」と比べて、「らし・めり・なり」は、なんらかの根拠をもって推量するときに使われるわけだけど、簡単な言い方をすると、たとえば外で「ワンワン」という鳴き声が聞こえたとしますね。「ワン、ワン」と聞こえたら、ある程度推定できませんか。「あ、隣の教室にだれか、犬を連れてきてるようだ」。だれもライオンとは思わないでしょ。こういうふうに、**〝音〟の根拠がある場合**に使われるのが**「なり」**なんです。語源は**「音《ね》・あり」**だろうと言われています。

それから、あのおじさんはまっ黒けの顔してる。今ごろまっ黒けの顔しているからには、ゴルフでもしているようだと。**「見たところ〜のようである」という場合**は、**「めり」**を使う。「見たところ〜のようである」というのだから、語源は**「見《み》・あり」**だろうと言われています。「彼女はゴルフをしているめり」、ムチャクチャな文ですけれども、そんなふうに使うわけです。

三つ目の**「らし」**にも根拠があります。それは**何か客観的な事実**やね、それを根拠として推定している。客観的事実とは何か、くわしいことはすぐあとの項目でふれることにしましょう。

◎推定の助動詞

- らし ⇧ 客観的な事実
- めり ⇧ 見・あり（目）
- なり ⇧ 音・あり（耳）

とにかく、この三つは、みんな何か推量するときに根拠があるんですね。で、根拠があるから推定っていうんですが、**どういうふうに根拠をもってくるのか、何を根拠にしてどう推定できるのか**ということを、今から検討していきたいと思います。

問題1 傍線部を口語訳せよ。

春過ぎて夏来たるらし白栲《しろたへ》の衣ほしたり天《あめ》の香具山

助動詞「らし」の特徴

では、まず入試に一番出ない「らし」からいきましょう（笑）。まあ出ないと思うけど、もしもなんかで必要があったらいけないから、いちおう飛ばさないでおきます。

皆さんには、ぼくが黒板消してる間に、【問題1】を速攻でやってみていただけますか。いちばん左の女の子、これどう訳す？

生徒・春が過ぎ去って、夏がやってきたらしい……。

望月・うん、それでいい。

受験生としては、「らし」という助動詞が出てきたら、訳語は「**らしい**」、意味はさっき言った「**推定**」。もうこれでいい。これを覚えといてくれたらいいんですけれど、この「らし」は使われると必ず、その推定のもとにある〝**根拠**〟**が示される**〟というんですね。

ここで言いますと、「春はもう行ってしまって夏がやって来たらしい」。これ夏の到来を推定してるんですけど、なぜそう言ってるかというと、その根拠がここ。「白栲の衣ほしたり天の香具山」、これが〝**客観的な事実**〟**の根拠**です。「**白栲の衣**」は「真っ白な着物」、これ夏の着物です。今ふうにたとえれば半袖。半袖の白の着物が、天の香具山のところに干してある。

ということは衣替えの季節で、これから夏の着物を民衆たちは着るらしい。この歌を詠んだ持統天皇は宮中にいるんですけれど、これが見えるから、これを根拠にして、「**下々《しもじも》のものが半袖を干している、だから夏が来たらしい**」と推定した歌ということになってるわけです。

ほかにもいろんなケースがありますが、公式化して言うと、まず一つ目。**「らし」はほとんど和歌でしか用いない助動詞**であるということ。ごくまれな例外を除いて、入試レベルでは一〇〇%そうだと言い切ってもぼくはいいと思う。だからこうして、今も和歌が出てきてる。

「らし」の公式

「らし」→推定「~ラシイ」

① 「らし」はほとんど和歌で用いる。

②

——らし	(根拠)
(根拠)	——らし

一般に、「らし」の現れる和歌は、**「らし」の使われている文と、使われていない文の二つから構成されている**と考えたらいいでしょう。実際には、そう絵にかいたようにぴったりいかない場合もありますが、受験レベルではそう割り切っていてもかまいません。たとえば「春過ぎて……」の歌の場合、

春過ぎて夏来たるらし

白栲の衣ほしたり天の香具山 (根拠)

という構造になるわけです。反対に、これがひっくり

返って、

（根拠）
立田川色紅《いろくれなゐ》になりにけり
山の紅葉ぞ今は散るらし

と、根拠のほうが先にくる場合もあります。「山の紅葉は今散っているらしい」。なぜそう言えるのかというと、「立田川がまっかに染まってしまっている」から。要は、二つの文のうち、**「らし」の使われていない文が、「らし」の使われている文の根拠になる**というわけですね。

よく基礎の古典文法のドリルブックを買ってきますと、「春過ぎて夏来たるらし」に傍線引っぱって、「この根拠はどこにありますか」というアホみたいな問題が入れてある。答えは、**それ以外のところが根拠**です。

ところが今、こういう問題は減りまして、そうですねえ、最近はどこの大学も出してない。ですから、あくまでも参考です。

問題2 **傍線部を口語訳せよ。**

山陰の暗がりたる所を見れば、螢はおどろくまで照らすめり。

助動詞「めり」の特徴

じゃ、**【問題2】**。「らし」よりは出るけれども、「なり」には負けるという、**「めり」**について勉強しましょう。

これはどう訳しますか。今見せてもらったら、みんないい調子。ま、これぐらいは大丈夫みたいだね。「めり」という助動詞は、さっき言ったように語源が**「見・あり」**なんです。だから**「見たところ〜のようだ」**という訳語はまず最初に押さえておかれるように。

「めり」の訳出

（婉曲）推定の助動詞「めり」

※視覚による推定→「（見たところ）～のようだ」

意味ですが、もちろん「推定」です。細かい言い方をすれば、視覚による推定です。

だけども、参考書を買ってきたり学校のテキストを見ますと、よく「婉曲・推定」って書いてある。それで、一人で勉強していると「いやあ、婉曲と推定どう分けたらいいのやろ。たとえば、この【問題2】なんかは婉曲なんだろうか、推定なんだろうか」と悩まれるかもしれませんが、これは悩まないでください。**婉曲も推定も訳語は一緒ですから。**どっちも**「～のようだ」**となる。

ですから、心配だったら**「婉曲推定の助動詞」**と覚えといても構わないよ。婉曲と推定を分けなさい、という問題は皆無ですからね。「めり」は「推定の助動詞」でも「婉曲推定の助動詞」でもいい。

じゃ、どうして「（見たところ）～のようだ」という視覚による推定が婉曲で使われるようになったかというと、たとえば、今ここでぼくが「日本はこれから好景気に向かう」と言い切ったら、表現がなんかどぎついでしょ？「好景気に向かう」かどうかは、本当のところわからないんだから…。それを、「ぼくが見たところ、日本はこれから好景気に向かうようだ」といったら、表現が婉曲になりますよね。だってこれはぼくの個人的な意見なんだから、間違ってたら、ぼくが「スンマヘン」と言って謝ったらしまいや。

「見たところ～のようだ」という言い方は、それだけ表現を**婉曲**、つまり**遠まわしにして逃げ道を作っている**わけです。そんなわけで、推定の「めり」を婉曲で使うようになったんです。

まあとにかく、この「めり」の婉曲用法というのは問題になりませんから、心配なら名前だけ知っといてくれたらそれで結構です。ただ、語源的には、**見た目の推定**やね。「見たところ～ようだ」という推定ですから、「ようだ」と現代語訳できるように、訳語はきちんと覚えておいてください。

ということで、皆さんの訳をあらためてよく見てみると、この問題、あんまり上手に訳せてないね。それは文法の面じゃなくて、**「おどろく」**ということばの理解に問題がある。「おどろく」は古文単語の重要語中の重要語。意味は二つあるでしょう。「おどろく」といったら、「びっくりする」と訳してはいけない。訳語としては**「はっと目を覚ます」**。「はっと」は別になくてもいいけどね。**「目を覚ます、目覚める」**というのが「おどろく」ですよね。

その点はさすがに皆さん受験生で、「驚いて目を覚ますほど、蛍が照らしている」と訳してる人がいるんですが、寝ている人間に蛍の光は見えないから、これではいけない。これはあり得ないでしょう？

この問題にある「おどろく」は、**「はっとする、はっと気づく」**というもう一つの意味です。

◎おどろく
- ① **はっとする、はっと気づく**
- ② **はっと目覚める**

「山陰《やまかげ》の暗がりを見ると、蛍は、はっとするほど照らしているようだ」。あるいは「蛍は、はっと気づくほど照らしているようだ」。確認していただきたいところは、①で訳したか、「めり」を**「ようだ」と訳したか**、ですね。

以上、受験生としては、「らし」と「めり」についてはいちおう理屈を知っといてもらった上で、正しく訳せたら上等です。

助動詞「なり」の識別(1)

訳せたら上等というような気楽なことを言えないのが、実は**「なり」**なんです。これはやっかいです。そこで、問題の所在をはっきりするために、**[問題3]**をやってみていただきましょう。

問題3 **傍線部を文法的に説明せよ。**

(1) 男もすなる日記といふものを女もしてみむとてするなり。
(2) 秋の野に人まつ虫の声すなり。
(3) 信濃なる千曲《ちぐま》の川の小石《さざれいし》も君しふみてば玉と拾はむ
(4) おのが身はこの国の人にもあらず。月の都の人なり。
(5) 駿河国にあなる山の頂《いただき》に持て着くべきよし、仰せ給ふ。
(6) 世の中に物語といふもののあんなるを、いかで見ばやと思ひつつ……。
(7) 夕されば野辺の秋風身にしみてうづら鳴くなり深草の里

推定の助動詞の「なり」の話をしようと思ってるんですが、この推定の説明をするときに、どうしても絡んでくるのが**断定の「なり」**ですね。よく受験生で、同じ一つの「なり」という助動詞に、二つの用法があるのではないかと思ってる人がおるんですけれども、これは思い違いですよ。

「なり」の識別⑴

① 名詞・連体形 ＋ **なり** → **〝断定〟**「〜デアル」…語源「に・あり」
(例) 人なり。修行するなり。

② 終止形 ＋ **なり** → **〝推定〟**「〜ヨウダ」…語源「音・あり」
(例) 修行すなり。

この二つは、全くなんの血もつながってない他人で、顔が似てるだけの話。だけど、その顔がまあ、そっくりなわけです。だから間違いやすい。

まず語源が違います。**断定の「なり」**の語源は**「に・あり」**。これはちょうど現代語の断定の「だ」が「である」とも言えるのと同じこと。古典でも、「にあり」の形のまま出てくることがありますよ。「にやありけむ」とか、「にやあらむ」とかね。

ところが推定の「なり」は、さっき言いましたけど、隣の部屋で「ワン、ワン」と鳴き声がした。「ワン、ワンという音があるから、犬がいるようだ」というような、**音による推定**の助動詞です。で、ルーツは**「音《ね》・あり」**。「に・あり」と「音・あり」では全然違いますよね。

語源が全然違うほか、他人である証拠がもう一つある。断定の助動詞は、**名詞と連体形に接続する**んですけれども、**推定の助動詞は終止形に付きます。終止形に付いたら「推定」**。原則としては、これで見分けていくわけです。

ではとりあえず**【問題3】**を見てください。⑴「男もすなる日記」の**「す」**に波線。サ変動詞「す」は、「せ・し・**す**・する・すれ・せよ」と活用します。こう活用する動詞の、**「す」という形は終止形**ですから、横に終止の**〝止〟**と書いて。続いてその下の「女もしてみむとてするなり」。この**「する」は連体形**。「する」に波線を入れて、横に連体の〝**体**〟。

それから**(2)**を見てください。「声すなり」、この**「す」**に波線を入れて、横に終止の〝**止**〟。

続いて**(3)**。「信濃なる」、「信濃」に波線を入れてください。これは**名詞**でしょ。だから横に**名詞のN**と書いてください。

(4)「月の都の人なり」。これも**名詞の「人」**に付いているから、〝**N**〟。

(1) 男もすなる日記といふものを
女もしてみむとてするなり。

(2) 秋の野に人まつ虫の声すなり。

(3) 信濃なる千曲の川の小石も
君しふみてば玉と拾はむ

(4) おのが身はこの国の人にもあらず。
月の都の人なり。

(5)、**(6)**、**(7)**、この三つはとりあえずおいときます。

それじゃあ、まずザッと「断定」か「推定」かということで判断すれば、**(1)**の「す」は終止形ですから**「推定」**。「するなり」の「する」は連体形ですから、これは**「断定」**。それから、**(2)**は終止形に付いているから、**「推定」**。**(3)**と**(4)**は名詞に付いているから**「断定」**。こういうふうに大きく分類できるわけです。

「存在」を表す「なり」

ところで、受験生は**この断定の「なり」に意味が二つある**ことを覚えてない人が多い。この「なり」にはもう一個、**「存在」**という意味があるんです。これ忘れんといてや。この意味はあって当たり前。だって、語源が**「に・あり」**なんだから。たとえば「山**なる**木」。これ、語源は「山**にある**木」ということでしょ？　だから元の「存在」という意味のほうが由緒正しいんです。断定、断定ってえらそうなこと言ってますけど、もともと「なる」は「に・ある」のはずですから。

こういうのを**「存在」**っていうんですが、心配しなくても、断定の「なり」が存在で使われるときには、ある程度構文が決まっています。ある程度というと曖昧ですが、**入試問題では、次の形で出てくる「なり」はほぼ一〇〇%存在**と考えていただいて結構です。

つまり、「なり」の上に、なんらかの意味で**「場所」を表すことば**がくることがまず一つ目の条件。それに加えて、そのとき使われる形は通常、**連体形の「なる」**でなければならず、「なる」の下には、**名詞**がきてないといけない。これらの条件がそろったら、ほとんどの場合、**存在の意味を表す**ということです。

「存在」を表す「なり」の構文

存在の形

場所 **なる** **名詞** …**「～ニアル・～ニイル」**
(例) 山なる木

場所 **なりける** **名詞** …**「～ニアッタ・～ニイタ」**
(例) 山なりける木

たとえば**「山なる木」**ならば、「山」は場所を表す名詞で、「なる」は連体形、さらにそのあとに「木」という名詞がきてるでしょ。**「家なる人」**だったら、家という場所に連体形「なる」がきて、その下に「人」という名詞がきている。こんな構文をとったときの「なり」は存在を表すということ。

もう一つ、今言ったことのバリエーションとして、**存在したのが過去である場合、〝かつて存在した〟**ということで、「なり」に**過去の助動詞「けり」**を足した**「なりける」**という形がある。たとえば「山なりける木」。今はもう刈られてしまってないんだけども、**「かつて山にあった木」**。それから**「家なりける人」**。今は離婚か亡くなったかでいなくなっちゃったんだけど、**「かつて家にいた人」**。そういう使い方があります。これも覚えておいたほうがいい。

というわけで、**〝場所＋「なる」＋名詞、場所＋「なりける」＋名詞〟**、こういう構文をとったときは、断定の助動詞といえども、「存在」としたい。選択肢に「存在」とあったら、もちろんそれを選ばないといけませんし、訳すときには必ず、「〜にある」か「〜にいる」としてください。**断定の「である」としたらいけません**よ。

その例が、たとえば(3)。**〝信濃という場所＋「なる」＋千曲川〟**ですね。「信濃にある千曲川」ということですから、これは厳密にいえば「存在」と答えるほうがいいわけです。こういうふうに、断定の助動詞「なり」には二つの意味がありますから気をつけてください。

「推定」を表す「なり」

こんどは**「推定」の話**にいきましょう。これな、ぼくも高校の先生に、「終止形に付く『なり』は伝聞推定の助動詞や」って習ったんですけど、学校で伝聞推定って習った人、手あげてみて。

はあー、なるほどね。やっぱりそう言われるんですね。だけど、今回の問題はどっちかに分けて答えて下さいね。だって、元来、伝聞と推定は違うもん。**推定**は**〝音がするから〜ようだ〟**、**伝聞**というのは、**〝人の話によると〜だそうだ〟**という助動詞でしょ。

今回の問題には、終止形に付く「なり」が出てきましたね、(1)に。「男もすなる」の「す」、これ終止形。でもって、この下の「なり」は伝聞推定という答え方はずるいで。二またかけてるんやからね。だから、どっちかはっきりしてあげて下さい。

「なり」という助動詞は、こういうことなんです。語源が「音《ね》・あり」でしょ。だから、ある子どもがいるとしますね。で、この子のわきに壁があって、その壁の向こうで、たとえば台所あたりでガチャーンという音が鳴ったら、この子は「ああ、今、おれの目には見えないけども、台所のほうでガチャーンという音がしたから、お母さんが茶碗かなんか割ったようだ」と思う。これが**「推定」**。

ガチャン
（音）
茶碗をわったヨウダ
（推定）

一方、実際に見たわけではないけど、ブラウン管から何かから、あることばが耳に飛び込んできたとする。何でもいいんですけど、「新宿で望月が殺されたもようです」、そんなニュースないですけどね（笑）。まあ、たとえばそういうことをアナウンサーが言ったとします。これがこの子の耳に入ったとしたら、この子は「へえー、望月先生えらい達者にしてはったけど死んだそうや」と言う。これが**「伝聞」**です。

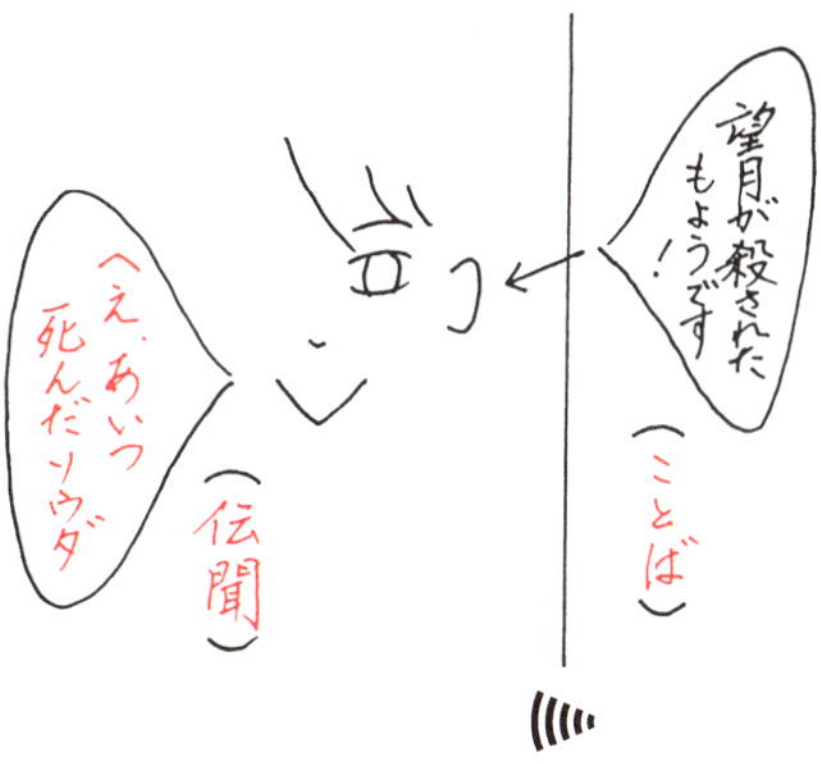
望月が殺されたもようです！
（ことば）
へえ、あいつ死んだソウダ
（伝聞）

ということは、皆さん慣れない間は、**文脈の中でこの終止形に付く「なり」の前後を見て、音の鳴るようなことばがあった場合には、音による「推定」ととらえ、そういうことばがなかったら「伝聞」と見る。**も

ちろん、人の話を聞いて「〜のようだ」と推定する文脈も、状況としては将来いくらでも出て来ますから、これはあくまでも**初歩の間の目安**です。

「推定」と「伝聞」の見分け方

☀ **「推定」〈ようだ〉←文中に〝音の鳴りそうなことば〟があった時。**

☀ **「伝聞」〈そうだ〉←文中に〝音が鳴りそうなことば〟がなかった時。**

具体的に見ていくと、

(1) 男もすなる日記といふものを女もしてみむとてするなり。

センテンス全体読んだって、見るからに**音の鳴りそうなことばはない**。そうしたら「男もすなる」の「なる」は**「伝聞」**でいいやろ。それで訳してみよう。「男も書くような（とか聞いている）日記というものを、女の私も書いてみようと思って書くのである」と。つじつまが合うから、伝聞でいいですね。

続いて(2)ですが、

(2) 秋の野に人まつ虫の声すなり。

「虫の声」に波線を入れといてください。子どもでも「虫の声」といったら、リンリン音が鳴ることはわかっております。ですから、**「ああ音の鳴る単語があるからこれは推定がいいかなあ」**、とそれで訳してみる。「秋の野に人を待つような松虫の声がしている**ようだ**」。ということで、こちらは**「推定」**。そんな要領で見ていくんですね。これがまあ、基本の基本です。

助動詞「なり」の識別⑵

入試問題では、今までやってきたような基本的な問題が出るとは限らないね。それで、残ってる問⑸、⑹、⑺、これちょっとおもしろいから聞いてみよ。

⑸ 駿河国にあなる山の頂《いただき》に持て着くべきよし、仰せ給ふ。
⑹ 世の中に物語といふもののあんなるを、いかで見ばやと思ひつつ……。
⑺ 夕されば野辺の秋風身にしみてうづら鳴くなり深草の里

その水色の服を着てる彼、どうしよう? まず⑸、これは何ですか?

生徒・断定。

望月・うん、なるほどね。横の女の子、⑹は?

生徒・断定。

望月・断定ね。次の彼女、⑺はどう?

生徒・推定。

望月・うん、推定。なるほどね。そうですか。⑸、⑹、⑺の今の答え、正解かどうかをこれから調べていきます。まず、水色の彼に聞きますけど、断定といったら、名詞か連体形に付くんでしょ。この⑸の「あなる」の「あ」って何?

生徒・「ある」の省略……。

望月・なるほど、キミかしこいね。ひょっとしたら、こう言いたいのとちがうか。

あるなる → あんなる → あなる

「あなる」って書いてあるけど、これは元々は**「あんなる」**と読む。さらにその元は、**「あるなる」**であった。こういうわけやな。そんで、たぶん彼頭いいから、ラ変動詞「あり」の連体形「ある」に付く「なり」だから、これは断定と答えてくれたんでしょうね。やっぱり世の中かしこい受験生っていますね。

まあ、ぼくが今まで会ってきた受験生はわりと、「これはアホのアですか」とかね（笑）。もっとひどかったのは、これは存在やと答えた子がおった。「あ・なる山」（〝「あ」〈場所〉+「なる」+山〟）だというんです。だけど考えてみて。どこの世界に「あ」というような場所があるねん。

「お母さん、今日〝あ〟行ってくるわ」なんてこと、考えられないでしょ（笑）。そういう子が多かったんですが、ここの子はやっぱり違いますね。

伝聞推定「なり」とラ変型の語

ここで、もう一つの注意。これからの話はしっかり聞いてくださいね。学校でこのように教わりませんでしたか。**伝聞推定の「なり」は、ラ変型の語には連体形に付くんですよ**と。聞いたことない？　あるでしょう？

みんな、なんか納得いかへん顔してるな。納得いかんはずやで。ラ変型の語には、伝聞推定は連体形に付くというのなら、断定はどないなるねん。ラ変に断定が付くときは、接続はどないなるんや。伝聞推定の時、「あるなり」となって、「あるそうだ」とか「あるようだ」という意味になるわけやろ。だけど、「あるのである」という意味の断定表現も当然ありうるはずだ。その時、接続はどうなるの？

結論を言うと、**断定もラ変の連体形に付けば、伝聞推定もラ変の連体形に付く**んです。じゃあ、意味がどっちかというのは文脈判断によらざるをえないのかというと、平安時代は必ずしもそうじゃない。言ってること、わかる？　**伝聞推定の「なり」は、ラ変型の語の場合は連体形に接続するって言いますけども、実際の文章には、「あるなり」という形ではあまり出てきません。**

普通は**「あんなり」**か**「あなり」**という形で出てくる。だから、教える時にぼくはあえて「ラ変型の語は連体形に付く」という注意書きは入れないことにしているんです。ビギナーの時にそんなややこしいこと覚えてもまぎらわしいから、これについては**特記事項**として次のように覚えといてもらうほうが、ぼくはかしこいと思う。

まず、**ポイント①**。五十音図のア段「あ・か・ざ・た・な」。「あ・か・さ・た・な」がほんとですけども、残念ながら世の中なんでもうまい具合にいかんわ。一個だけ、「さ」の代わりに「ざ」としといてください。

で、この五つのひらがなに直接付く「なり」というのが、よく出てくるんですよ。**「あなり」**もその一つです。**「べかなり」**なんてのもありますよ。そのほか**「ざなり」**とか、**「たなり」**や**「ななり」**といった形で出てくる。

「なり」の識別(2)

ポイント①…

あ　か　ざ　た　な

ン ← る…元の形

なり…伝聞・推定の「なり」と決まり！

(例) あなり → **「あんなり」**と読む。「伝聞・推定」と判断！

あんなり →「伝聞・推定」と判断！

＊ともに、元の形は**「あるなり」**。

ぼくいつもこれ、授業の一番最初の頃に覚えといてもらうんですが、これらが出てきたら、自分で**「ン」を補って読んでくれ**と言ってるんです。たとえば、(5)は「駿河の国にあなる山」と読んだらいかん。「ン」が書いてなくても**「あンなる山」**と読んでください。自分で「ン」を入れるんです。(6)のように、元から「あんなり」って書いてあったら、それはもう、入れる必要がないですけどね。

まとめると、「なり」とラ変型の語との接続の話はとりあえず忘れて構わない。**ポイント①の三角形ンの下に位置する「なり」は、いついかなるときも、だれがなんと言おうと絶対、伝聞・推定にしかならない**ということだけしっかり覚えておいてください。

つまり、**「あ・か・ざ・た・な」に直接付く「なり」は伝聞・推定**ということ。「あなり」とか「ざなり」と出ていたら、とにかく伝聞・推定の「なり」。「たなり」、「ななり」と出ていても、「なり」は伝聞・推定。**無条件にそう決めていい。**これは覚えておかれると便利です。そして読むときは、全部、**間に「ン」を入れて読む。**(5)について言えば「あなる」だから、伝聞・推定。そして「あンなる」と読まないといけない。最初から「ン」が書いてある時は、もっと楽ですね。これはもう見た瞬間に「伝聞・推定」。要は**「ン」に付く「なり」は全部伝聞・推定で、断定はあり得ない**ということです。

ただ、**「元の形に戻しなさい」**という問題が出てきたら、**全部「る」**になりますよ。たとえば「あなる」と出てきたら、「あんなる」と読みますけど、元の形は「あるなる」です。「あんなり」と出てきたら、そのまま「あんなり」と読んでいいんですけど、元の形はやはり「あるなり」です。だから、この図をそっくり頭に入れといてくださることですね。これがポイントの①。

さてその上で、(5)ですけど、伝聞か推定か詰めると、**どこにも音を表すことばはない**ですから**伝聞**。「駿河の国にあるそうな山」、「ある**という**山」ですね。

それから、(6)「物語といふもののあんなるを」。これも、**音の鳴るようなことばがない**から、「物語というものがあるそうだ」ととって、**伝聞**です。

四段動詞に付く「なり」

次に、入試によく出てくるひっかけの一つとして、(7)を見てください。これもよく出ますよ。

(7) 夕されば野辺の秋風身にしみてうづら鳴くなり
　深草の里

これ、推定って答えてくれたのは、あの端の女の子やな。じゃあその子、「鳴く」の活用言ってくれるか。

カ行四段活用の動詞「鳴く」の活用は？

生徒・「鳴か・鳴き・鳴く・鳴く・鳴け・鳴け」。

望月・うん、そうそう。「か・き・く・く・け・け」ね。

それでたぶん彼女は「鳴く**なり**」と**終止形**に付くのだから、**伝聞**か**推定**じゃないかと思って、**推定**と答えてくれたと思うんです。

それなら、もしあなたに、パンチパーマかけた怖いおっさんがガーッと近づいてきて、「わしは納得いかんな。「く」は連体形もあるやないか。勝手に終止形と決めてどうすんのや。この『く』は連体形だから断定や」といってきたらどうする？　え？（笑）。

これ入試問題だから、どっちでもいいっていうのはやっぱりないやろな。おっさんが勝つか、あんたが勝つか、どっちかやで……。

あのね、考えてください。

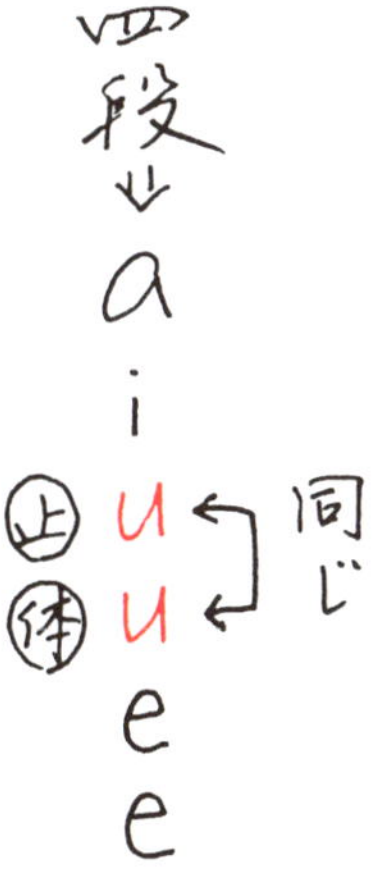

四段活用といったら、「a・i・u・e」の四段で活用するから、四段活用ですね。骨組みが「a・i・u・u・e・e」です。四段活用の特徴は、困ったことに、**終止形と連体形が同じ**でしょ。

今の問題で言うと、「か・き・く・く・け・け」だから、終止形が「鳴く」なら連体形も「鳴く」で形が同じ。同じになるのは、四段活用の勝手だけど、「なり」の問題を解こうとするわれわれには大変なことです。「鳴くなり」の「鳴く」が終止形か連体形かわからないのでは、下の「なり」が断定になるか、伝聞・推定になるか決められないから。

というわけで、今後のために皆さんに**ポイント②**を覚えてもらいましょう。

「なり」の識別(3)

ポイント②…

音声語

鳴く
鳴る
打つ
響く
言ふ

＋**なり** → **伝聞・推定の「なり」!!**

入試で一番よく使われるのがこれ。四段動詞ってなんでもかんでも出るんじゃなくて、**だいたい出るのが決まってる**んです。

ポイント②を見て下さい。「鳴か（a）ず・鳴ら（a）ず・打た（a）ず・響か（a）ず・言は（a）ず」で、**全部「a」に「ず」が付くから、四段活用の動詞**。それでこれらが出てきたら、いつも困るよな。

四段だから、終止形と連体形とが同じだもん。

でもこいつらの顔をジッと見てたら、あることに気がつくと思うんです。「カア・カア」って鳥が「鳴く」と、音が発せられますね。「鳴る」といったら、「ピンポーン」って音が鳴るわけですよ。大きな音が鳴ると、音が「響く」んです。人がものを言ったら、当然声が聞こえます。

こういうふうに、**一般に動詞が音声を発することに関係することばである場合、四段動詞だったら通常「なり」は伝聞推定ととらえていい。**断定にしないこと。

たとえば(7)なんか和歌の一節ですが、断定に解することも可能は可能ですよ。「うづらはこの深草の里で鳴くのである」、なんにもおかしくない。ですけれど、付いてる動詞が「鳴く」で**音声語**だから、**推定**にする。「うづらは深草の里で鳴いているようだ」やね。

これぐらいのことは日本の受験生みんな知ってるから、もし知らなかったら損をします。気をつけといてくださいね。

以上、まあいろいろややこしいことを言ってきましたけれど、**ポイント①②は、入試では必要になる知識**ですから、整理して、覚えておいていただきたいんです。

で、以上の話でもれているもの、たとえば「あるなり」が「あ(ん)なり」にならないで出てきたらどうするか、「なり」の上の四段活用が「音声語」じゃなかったらどうするか、といったような問題は、皆さんが文法に慣れたころ、第②巻の識別のところで詳しく検討してみたいと思います。

問題1■全訳・答

春が過ぎて夏がやって来たらしい。真っ白な衣が干してある。あの天の香具山に。

問題2■全訳・答

山のかげの暗い所を見ると、蛍がはっとするほど（たくさん）照らしているようだ。

問題3■全訳・答

(1) 男も書くと聞いている日記というものを、女（の私）も書いてみようと思って書くのである。

《答　伝聞／断定》

(2) 秋の野に人を待つといわれる松虫の声がしているようだ。

《答　推定》

(3) 信濃にある千曲川の小石でも、（恋しい）あなたが踏んだのなら玉と思って拾おう。

《答　存在》

(4) 私の身（＝かぐや姫のこと）はこの人間世界のものではありません。月の都の者なのです。

《答　断定》

(5) （天皇は）駿河国にあるという山（＝富士山）の頂上に（不死の薬を）持って行くように、ご命令なさる。

《答　伝聞》

(6) 世の中に物語というものがあるそうだが、それをなんとかして見たいものだと思い続け……

《答　伝聞》

(7) 夕方になると、野辺を吹きわたる秋風が身にしみて感じられ、うづらが鳴くのが聞こえるこの深草の里よ。

《答　推定》

第10回 推量の助動詞ほか

今日は**推量の助動詞の最終回**として、これまでにやっていない推量の助動詞で、入試に必要なものをすべてまとめておきたいと思います。あと、これまでふれなかった助動詞についてもザッとまとめておきましょう。

推量の助動詞「まし」

まず、「まし」からいきます。とりあえず、次の【問題】を考えてみてください。

問題 次の各文を口語訳せよ。

(1) 鏡に色・形あらましかば、うつらざらまし。

(2) これに何を書かまし。

さあ、どうですか、おできになりましたでしょうか。じゃあ、そこのピンクのシャツを着た彼、(1)はどう？

生徒・「もし鏡に色や形があったなら、映らなかっただろうに」。
望月・うん、OK。その隣の彼、(2)は？
生徒・……。
望月・むずかしい？

いやあ、実はね、ぼく前から不思議に思ってるんやけど、「まし」について、受験生はなぜか(1)のような**反実仮想の使い方**については知らない人がほとんどいない。これ、古文を勉強してない生徒でも知っている知識ベスト3のひとつですね。

ぼくがまだ大学生の頃、塾で偏差値平均30ぐらいの生徒たちを集めたクラスを持たされたことがあるんです。その中に、昔のヤンキーみたいにソリコミを入れたすごい子がいて、ぼくが、「おいお前、反実仮想の構文って知ってるか？」と聞くと、その子がドスの利いた声で、「ましかば〜まし」って答えた時には、ほんま、犬がもの言うたぐらいびっくりしたで（笑）。

「まし」は推量の助動詞だけど、推量というのは、あくまでも「まし」の呼び名で、使い方としては三つあります。

①反実仮想の「まし」

「まし」の代表選手が、**「反実仮想」**です。訳し方は、**「もしA（だった）なら、B（だった）ろうに」**。もちろん、（だった）をとって、「もしAならBだろうに」と訳してもいい。

で、「まし」を反実仮想でとる時は、おきまりの構文があるんです。**「AませばBまし」**、**「AましかばBまし」**、**「AせばBまし」**、ベースになるのはこの三つです。「ませ」「ましか」「せ」のところに、他のことばの未然形がくることもあります。**㊍ばBまし**」の形ですね。

反実仮想というのは、**「事実とは反対のことを仮定して想像する」**ということ。たとえば、「鳥なら**まし****かば**、飛びてゆか**まし**」は「もし鳥だったなら、飛んでいっただろうに」と訳すね。事実は、「鳥じゃないから飛んで行けない」んだけれども、その事実とは反対のことを「もし鳥なら」と仮定して、「飛んで行けたろうに」と想像するのが、この構文の特徴です。

推量の助動詞「まし」の用法

① **反実仮想**

A ㊅ ませ／ましか／せ ば B **まし**。→「モシA（ダッタ）ナラ、B（ダッタ）ダロウニ」

（例）色・形あら**ましかば**、うつらざら**まし**。

② **ためらいの意志**

疑問語……**まし**。→「～ショウカシラ・～ショウカナ」

（例）**何**を書かまし。

③ **推量**（≒む）→①、②以外「～ダロウ」

（例）雨降らまし。

だからもし、反実仮想の文に傍線が引っぱってあって「事実はどうだというのか?」という問題が出たら、皆さんは**「Aではないから、Bではない」と答えたらいい**。さっきの文でいったら、「鳥ではないから、飛んで行けない」ということになりますね。

反実仮想の問題で、形式としていま一番多いのは**空欄補充**です。たとえば、

世の中に絶えて桜のなかりせば
春の心はのどけから［　　］

（この世の中に全く桜というものがなかったならば、春になっても人の心はのんびり落ち着いたものであっただろうに）

とあって、空欄に**「まし」**を入れるというやつです。これは「まし」の三つの用法をしっかり覚えていれば安心ですね。

あとよく出るものは、さっき**［問題］**でやってもらったような**現代語訳の形式**。⑴は彼が答えてくれたように、「もし鏡に色や形があったならば、（ものは）映らなかっただろうに」が正解です。

そして文法問題として、「ませ」「ましか」「まし」に傍線が引っぱってあったら、「反実仮想」の助動詞と答えます。選択肢に「反実仮想」がなかったら、呼び名をとって「推量」の助動詞。**記述ならどっちで答えても構いません。**

「AせばBまし」の「**せ**」は、いろんな説があるんだけど、受験生としては、**過去の助動詞「き」の未然形**と覚えておいてください。これは「**せ**・○・き・し・しか・○」と活用するんでしたよね。実は**この未然形の「せ」は、この構文でしか使わない**んです。いまどき「せ」なんて出すアホな出題者はいないと思うけど、念のために申し添えておきましょう。

②ためらいの意志の「まし」

「まし」といえば、「反実仮想」ばかりがクローズアップされて、他の用法のかげがうすくなってしまっているようだけど、二つ目の使い方があることを忘れたらあかん。**“ためらいの意志”**で**「～しようかしら」**と訳す使い方があります。これは「意志」に、「ためらい」の気分がドッキングしたものだね。**「～しよう」**なら単なる意志だけれども、これはそれに**「かしら」**がくっついて、少し迷う感じです。「死のう」は意志だけど、「死のうかしら」はちょっと迷ってモジモジしてる、そんな感じ。「ためらい」とか、あるいは単に「意志」と呼ぶ先生もいらっしゃいますが、呼び方は出ないから安心していいよ。

大切なのは訳し方。そして、どんな「まし」が「ためらいの意志」になるのかを見抜く力です。センターでも私大でも、こいつが出たら点を落とす人が多い。

だからぼくは、反実仮想より、ずっとこっちのほうを心配してるんです。

で、この「ためらい」にも、反実仮想と同じようにおきまりの構文があります。みんな、これ必ず覚えておいてね。**「疑問語……まし」**、こういう形。**疑問の意味をもつ語と、文末の「まし」が呼応したら「ためらいの意志」を表す**んです。

たとえば「身をや投げまし」は、**疑問の係助詞の「や」が文末の「まし」と呼応する**から「ためらいの意志」。意味は「身を投げよう**かしら**」ということです。

そうすると**【問題】**の⑵は、「これに何を書かまし」で**「何」が文末の「まし」と呼応する**から、やっぱり「ためらいの意志」だね。「何を書こう**かしら**」という訳がついたら正解です。

推量の「まし」

そして、「反実仮想」でも「ためらいの意志」でもない「まし」は、**推量「〜だろう」**です。これは**中世以降の用法**ですが、**「む」と同じ意味**だと考えてくださったら結構。このように、「まし」には三つの使い方があるんですね。

推量の助動詞「べし」

さあ、次は**「べし」**です。「む」の親戚で、**「む」に反実性をプラスしたのが「まし」。「む」より当然性がもっと強いのが「べし」**。早い話が、「む」を使った推量より、**「べし」を使った推量のほうがずっと強くて、当然こうなると確信をもって推量する時に使われます。**

で、この「べし」ですが、ひとことで言って、大変困ったやつなんやな。何が困るかと言うと、**意味の確定がしづらい**。確定がしづらいのに、入試には出る。だから受験生は先生や参考書に頼るんですが、一向にラチがあかない。

ラチがあかないのは、何も先生や参考書が怠慢だからじゃないんです。これは、日本全国におられるぼくの同業者の名誉のために言っておきますけど、「べし」というものは、機械的に公式を覚えさせただけでは、どう割り切りようもないんです。それを割り切れるように言う人がおったら、そいつはペテン師やね（笑）。

実際、文法として皆さんにお伝えできる「べし」についての知識は、ごく限られています。

これは「推・意・可・当・命・適」＝「ス・イ・カ・ト・メ・テ」と覚えておくといいね。

推量の助動詞「べし」の用法

① **推量**「～ダロウ」
② **意志**「～ショウ」…S＝一人称 **べし**。
③ **可能**「～デキル」…判断しやすい。
④ **当然**「～ハズダ・～ベキダ」
⑤ **命令**「～セヨ」…S＝二人称 **べし**。
⑥ **適当**「～ガヨイ・～ガ適当ダ」…“**比較・選択**”の形。

もちろん、義務（～しなければならない）とか、予定（～はずだ）とか、さらに細かく分類する先生もいらっしゃいますが、それらは④当然の中に含めておいても、入試の場では一向にさしつかえありません。

核心に“当然”の意味を持つ「べし」

で、なぜ「べし」が出ると、そんなに意味が確定しにくいかというと、それは**核心の部分に「当然」がどんと腰をすえているから**なんです。「べし」の語源は

「うべし」でした。「うべし」っていうのは、**「当然だ」**、**「もっともだ」**という形容詞です。

だから「べし」には、根っこの部分に**「当然だ」**という意味がどんとあって、それが使われる場面によって、

「つぼみがふくらんだ、当然花は咲く**だろう**」
←
「このままじゃやばい、当然俺は勉強することに**しよう**」
←
「こんなにがんばったんだ、当然一〇〇点をとることが**できる**」
←
「手紙をもらったら、当然君は返事を出し**なさい**」
←
「英語はともかく国語で足を引っぱっている、当然国語に時間を割いたほう**がよい**」

とかいうふうに派生していくわけ。

だからみんなが迷うのは、おそらく「当然」かその他のどの意味か、ということだろうと思う。たとえば

次の例、

この戒《いまし》め、万事にわたるべし。

これは『**徒然草**』の一節で、弓の先生が、「ビギナーは二本の矢を持ってはいけない。二本矢があると甘えが出て、一本目がいい加減になるから。弓を射る時は一本で勝負を決めようと思え」と言った戒めに対する作者、吉田兼好のコメントです。

この「べし」はふつう、「推量」でとる人が多くて、「この先生の戒めは、弓を射ること以外の万事に通じる**であろう**」と訳すんですね。初級の文法のドリルなんかでも、たいていこの「べし」は「推量」が解答になっていますけど、これを「当然」だと考える人が出てきても一向に不思議じゃない。「この戒めは**当然**万事に通じる**はずだ**」が根っこにあって、それがだんだん派生していくんだから、**文脈によっては、派生してるんだかしてないんだか、はっきりしない使い方が出てくるのはむしろ当り前**です。

変なたとえやけど、ニューハーフっていますよね。

元々は男なんだけど、女になろうとしている人。ああいう人たちって、だれが見ても女にしか見えない人と、ちょっと微妙な人、それから悪いけど、あんたはどこから見てもおっさんやで、という人の三通りがありますでしょ。

で、今の「べし」の例は、ニューハーフで言えばちょっと微妙な人。見る人が10人いたら、5人は男だというんだけど、5人は女だとだまされる。ぼくが、**「べし」にはどうしても割り切れない点がある**、といったのは、実はこういうことを指して言っているんです。

ただ、誤解していただきたくないのは、「べし」には確かにそういう困った点はあるけれども、**入試問題に限って言えば、普通はそういう微妙な例は出ない**。仮に出たとしても、選択肢でちゃんと調整してあります。「当然」でも「推量」でもとれる場合は、必ずどちらかをカットしてある。もちろん**記述の解釈問題なら、どっちだってマル**になります。

「べし」は文脈で判断！

それなのに、皆さんが「べし」のそういう曖昧《あいまい》な性格にあぐらをかいて、きちんとした問題まで「出来ないよ」ってサジを投げているとしたら、それは大きな見当違い。ぼくの経験では、そういう人は「木」を見て「森」を見ていません。たとえば、

英語を学ぶべし。

という文があるとします。ちょっと聞いてみよう。前から三番目の君、この「べし」は何？

生徒●**当然。**

望月●なるほど、「英語を学ぶべきだ」。博士は？

生徒●**適当。**

望月●ほほー、「英語を学ぶのがよい」と。じゃあ、君は？

生徒●**意志かな。**

望月●もうええわ（笑）。君たち、よう平気な顔してこんなアホな問題に取り組んでくれるなあ。これは判断不可能。したがって、いま

言ってくれた解答はみんな○といえば○、×といえば×。

だって**文脈がないんだから、こんな「べし」の意味、考えられるわけがない**。ぼくが「木」を見て「森」を見ずって言ったのはそういうこと。「木」はセンテンス、「森」は文章全体、あるいは文脈。覚えといてや、「べし」っていうのはな、**センテンス一個だけでは意味の確定なんて出来ない**のがふつうやねん。

つまり文脈の中で、もしさっきの文の**主格が一人称や**と割り出せたら**「意志」**、**二人称**なら**「命令」**、英語と国語のうち「英語を学ぶべし」と、**比較・選択**になってたら**「適当」**や。**それ以外なら、「当然」**と考える。

「べし」がチンプンカンプンやって言いにくる人の大半は、**文章全体をトータルに見る視点が欠けているか、あるいは見てても文脈がとれていない、適切に訳せていないかのどちらか**。だけどそうなってくると、もうこれは文法の領域じゃなくて、読解の問題でしょ。ぼくがさっき、「べし」については文法として伝えられることがあんまりないって言ったのは、そういうことを指しているんです。だから、大学入試で「べし」の意味を聞くところは、皆さんの文法力を試しているのではなくて、実は**どれだけ読めてるかを試してる**ということになるよね。

となれば、文法の講義では、もうこれ以上つっ込むことはできないようなものなんだけれども、それではあまりにも申しわけないので、**文脈の中で「べし」の意味をつめていくときのポイント**を、二、三お伝えしておきますね。

「べし」の意味をつかむポイント

ぼくは個人的に、入試問題で「べし」の意味をつめないといけない時には、**「意志」「命令」「可能」の三つをまずふるいにかける**ことにしています。入試で「べし」が「意志」か「命令」になる時には、**文末に終止形**で使われて、

Ｓ＝一人称…意志
べし。
Ｓ＝二人称…命令

という形になることが多いんですよね。もちろん、その場合、主語は書いてありません。書いてないのは当り前で、出題者はそれを割り出せるかどうかを知りたいんですからね。

そして主語から考えてこの二つがあてはまらない場合には、**「可能」**を考えます。「可能」というのは、他の用法に比べると一番意味がとりやすくて、訳してみればあてはまるかはまらないかがすぐわかる。たとえば、

花、咲くべし。

という文があったとする。主語から考えて、「意志」や「命令」はおかしい。だったら、**「可能」の「できる」という訳をむりやりあてはめてみる**わけです。「花は咲くことができる」、おかしいよね。植物である花に、能力や許容の問題として「できる」とか「できない」と言ってみてもはじまらない…。

そうすると、残りは「推量」か「当然」か「適当」かですが、**「推量」と「当然」についてはケースバイケース**。ここでうっかり変なことを言うと、皆さんがこれから「べし」の問題で間違えると思うから、この二つについては、今後読解の中で勉強してください。

ただ「適当」については、案外、次のことを知らない人が多い。よくうちの生徒に聞かれるんですが、見たことない？　次の短文。

家の造りやうは夏を旨《むね》とすべし。冬はいかなる所にも住まる。

（家の造り方は夏を主とする**のがよい**。冬はどんな所にも住むことができる）

この「べし」は**「適当」**です。入試にもよく出ますから、暗記しといてもいいくらいやな。

ところが、この「べし」は「当然」でもいいんじゃないかと多くの人が思うらしい。「夏を主とすべきだ」でも意味は通じるんじゃないか、と言うんです。

それはそうなんだけれども、普通こんなふうに、夏と冬を比べて夏をとるといった**〝比較・選択〟の文脈では、「べし」は〝適当〟にするのがおきまりのパターン**。適当の「べし」の全部が全部、〝比較・選択〟の形になるとは言いませんが、これは知っておかれると、入試の場では救われることが多いと思います。

京にはあらじ、東の方に住むべき国
求めにとて行きけり。

（京にはいないでおこう。東国の方に、住むのに**適当**な国を見つけに行こうと思って出かけた）

この『**伊勢物語**』の例も、**京と東との比較・選択**でしょう。こんなふうに**比較・選択だったら入試では「適当」にする**ということ。その理屈を心得ておかないと、「住むことができる国」ととって、「可能」にしてしまうということにもなりかねない。気をつけてくださいね。

とにかく、**「べし」については、これから皆さんがどれだけ読みの力を高めることができるかにかかっています**。できるだけたくさん読み、たくさん練習してください。

ただしその時、**「べし」については市販の文法の練習問題を使わない**こと。なぜかというと、そういうドリルブックは、ほとんどのものが長文の中から「べし」の使われた文を一つだけカットして並べてあるんですね。

さっきの例文でも、下に続く「冬はいかなる所にも住まる」がなければ、「べし」が適当だと納得できるはずがありません。くどいようですが、**「べし」はふつうセンテンス一個では判断できないのだ**、といまここで改めて言い切っておきます。

推量の助動詞「べらなり」

「べし」をやったついでに、**「べらなり」**についても触れておきましょう。

これは「べし」からできた助動詞ですが、意味は推量**「〜ようだ」**しかありません。『**古今和歌集**』の編集長**紀貫之**の頃のはやり言葉ですので、これが使われていると『古今和歌集』の歌だとわかるんです。

推量の助動詞「じ」

推量の助動詞には、他に「じ」や「まじ」があります。細かい文法問題は出ませんが、訳ぐらいはつけられないと困るので軽く触れておきましょうかね。

「じ」は、**「む」に打消の助動詞「ず」がドッキングしたもの**。その名も**「打消推量」**です。意味は「む」ほどたくさんはありません。

> **推量の助動詞「じ」の用法**
>
> ① **打消推量**「〜ナイダロウ」
>
> ② **打消意志**「〜ナイツモリダ」

現代語の**「〜まい」**という訳語を使えば、どっちの用法も兼ねられます。で、二つの用法の見きわめは、次のように主語で決めます。たとえば、

我・行かじ。（私は行かないつもりだ）
⇓
打消意志

雨・降らじ。（雨は降らないだろう）
⇓
打消推量

もちろん古文ですから、主語はふつう書いてありませんが、二つのうち一つですから、**無理に「私」を主語にしてあてはめて、あてはまれば「打消意志」、あてはまらなければ「打消推量」**と考えられるといいですね。

「じ」の意味の判別法

☀

S＝一人称……打消意志（例）我、行かじ。
S＝右以外……打消推量（例）雨、降らじ。

じ

推量の助動詞「まじ」

推量の助動詞「まじ」の用法

「べし」「まじ」（ず＋べし）

① 推　量→打消推量「〜ナイダロウ」
② 意　志→打消意志「〜ナイツモリダ」
③ 可　能→不可能「〜デキナイ」
④ 当　然→打消当然「〜ハズガナイ」「〜ベキデナイ」
⑤ 命　令→禁　止「〜テハイケナイ」
⑥ 適　当→不適当「〜テヨイハズガナイ」

「まじ」も同様に、「ず」と「べし」のドッキングで**「打消推量」**を表します。これは「べし」に合わせて、打消した意味がみんなそろっていますが、覚えるにはおよびません。必要があれば、**「べし」から類推すればいいんだから。**それにもっと安心させておくと、「べし」は出るのに「まじ」はほとんど出ない。そのことは入試古文界の七不思議の一つとされているぐらいです。以上で推量の助動詞については終わり、残った助動詞についての話に移りましょう。

打消の助動詞「ず」

まず、打消の「ず」からいきましょう。トシ坊、ちょっと活用言ってみてくれる？

生徒● 右が「**〇・ず・ず・ぬ・ね・〇**」、左が「**ざら・ざり・〇・ざる・ざれ・ざれ**」。

望月● そうそう、えらい。この助動詞は、活用をしっかり覚えておくのがポイントですね。訳し方はもちろん「～ない」。

	未然	連用	終止	連体	已然	命令
ず	〇	ず	ず	ぬ	ね	〇
	ざら	ざり	〇	ざる	ざれ	ざれ

未然形のところ、「ず・ざら」になってる本もあるけど、入試問題を解く上では「〇・ざら」にしておいたほうがいいよ。未然形に「ず」を入れておいて、何か得をするのならそれでもいいけど、未然形に「ず」を入れておくと損しかしないから、これは絶対**「〇・ざら」にしておくのがおすすめ**です。

希望の助動詞「まほし・たし」

次の**「まほし」**と**「たし」**は**希望の助動詞**です。覚えようとしなくても何となく音のひびきで希望、願望だって感じがするでしょう。

平安時代、**「まほし」**と言っていたのが、**鎌倉以降「たし」**が使われるようになり、形容詞の「良し」が「良い」に音変化したのと同じ理屈で、**現代語**の**「たい」**につながっているんです。だから訳語も、基本的には**「～たい」**。それで訳せない場合、**「～てほしい」**

と訳しても構いません。

「まほし・たし」の用法

希望「～タイ、～テホシイ」（例）聞かまほし。聞きたし。

「まほし」（平安時代）←「たし」（鎌倉以降）←「たい」（現代）

比況の助動詞「ごとし」

これは今でも使いますね。たとえば「光陰（＝時間）矢の**如し**」とかね。比況という言い方はむずかしいけれども、簡単に言えば、〝**たとえ**〟ということやな。「光陰矢の如し」と言ったら、「時間」のたつのがはやいのを、「矢」の速度に〝たとえ〟ているんですね。訳は**「ようだ」**です。「例示」なんていう用法が文法書に出ていますが、どうでもいいことです。「例示」なんてことより、皆さんは「ごとし」の仲間に**「ごとくなり」**や**「やうなり」**があるということを知っといたほうがずっといい。意味は二つとも「ごとし」と全く同じです。

「ごとし」の用法

比況（たとえ）

「ごとくなり」「やうなり」（ヨウダ）

（例）光陰、矢のごとし。

断定の助動詞「たり」

最後に断定の**「たり」**に触れて、助動詞のお話を終わりましょう。

断定の「たり」は「なり」の兄弟ですが、入試では実にかげが薄い。それもそのはずで、こいつは「なり」と違って、**漢文調の文章にしか登場しない**んです。ほとんど問題にはなりません。

ただし、連用形に付く〝完了〟の「たり」と混同しないこと。**断定の「たり」は体言に付いて、「であ**

「たり」の用法

体言に接続…「デアル、ダ」（漢文調の文章で使われる）

（例）臣たる者の心得なり。

る・だ」と訳します。 たとえば、「受験生たるものは…」。こんな表現今でも使いますよね。あ、そうだな、と思ってもらえたらそれで十分です。

問題■全訳・答

(1) もし鏡に色や形があったならば、(ものは)映らなかっただろうに。

(2) 何を書こうかしら。

それでは、助動詞の話はこれでおしまいにします。長時間どうもお疲れさま。これでひと山越えたね。次からは助詞に入りましょう。

第11回 格助詞

今日から助詞にはいります。助詞の一つ目としてまず**格助詞のお話**なんですが、助詞を勉強するときの、一番低次元の問題が、たとえばこういう問いなんです。

我は学生なり。

これはちゃんとした古典の文じゃないですけど、「は」に傍線引っぱって、これは何助詞ですかというのが一番低次元の問題ですね。日本語の助詞にはいろんな役割を持つものがあって、それぞれ分類されている。それにまず区別をつけないといけない。これは人間の世界でいったら、お医者さんには外科がおって、内科がおって、産婦人科がおってというのと同じことです。われわれはとりあえず、ある助詞を目にした時に、それが何助詞に分類されているか区別がつかないことには具合が悪い。まあ、人の名前を覚えるようなものです。単純なことですが、これは実はとても大事なことなんです。助詞は高校でもあまり念を入れてやらないので、苦手意識を持っている人が多いんですが、勉強のとっかかりはまずそのあたりの**単純な知識整理から始めるといい**ね。

格助詞の種類

では、この子から順番に助詞の名前を言ってもらおう。**格助詞以外に何がある?**

生徒・**副助詞**。

望月・次の子、どう?

生徒●係助詞。
望月●はい、それから隣の子。
生徒●終助詞、接続助詞。
望月●えーと、博士、どうや？　格助詞、接続助詞、副助詞、終助詞、係助詞、それからもう一つ何や？
生徒●間投助詞。

えらい、えらい。こんだけですね。この各々の助詞がどういう役割を持っているのかというのは、これから少しずつやっていって理解できればいいことで、とりあえず、今、トップバッターがこの格助詞。ここから始めたいと思います。

これはぼくね、どこで講義しても受験生にお願いするんですけど、格助詞といったら、勉強するに先立って、どんなメンバーがおるかぐらいは知らないと先に進まないのね。そこで、彼女、格助詞に属するものを全部挙げてくれる？

生徒●が・の・を・に・へ・と・より・から・にて・して。

◎格助詞　が・の・を・に・へ・と・より・から・にて・して

そのとおりですね。中学生でも、高校入試のために現代語の格助詞を覚えてるから、皆さんも格助詞といったら、とりあえずこれだけメンバーをパッと挙げられるようにしてください。

さて、その上で格助詞の基本は、やっぱり**一番よく出る助詞**でもありますけど、**「が」**と**「の」**。話の順序としてまず、これをやりたい。将来皆さんは**「を」**や**「に」**もやらなければいけない。識別問題によく出るからね。それから、**「より」**や**「して」**は訳をつけなさいと言われます。**「にて」**も識別が出たり、訳の問題が出たりする。**「と」**は現代語とほぼ同じなのでほとんど出ませんが、念のためごく少数の特別な用法だけ覚えておくことにしましょう。

「から」「へ」ははっきり言って入試問題には出ませんから、それが格助詞に属するのだということだけ覚えておいてくだされば結構。

文法の勉強は順序が大切です。前にもちょっとふれたけど、単純なものから複雑なものへと進んだほうがいい。そこで、**「を」「に」「にて」については、思いきって第②巻の識別のところで扱う**ことにして、ここではその他のものについて、入試に出るものの順に整理しておきたいと思います。

格助詞とは?

ところで、みんな格助詞といったらどういう助詞かわかってるやろな。英語でいうとわかりやすいんですが、英語には格変化というのがある。たとえば主格はI。英語というのはおもろいことばで、所有格にしようと思ったら、ことば自体が変わってしまう。目的格にしようと思ったら、また変わってしまう。変わるから、中学生はこれを覚えさせられる。

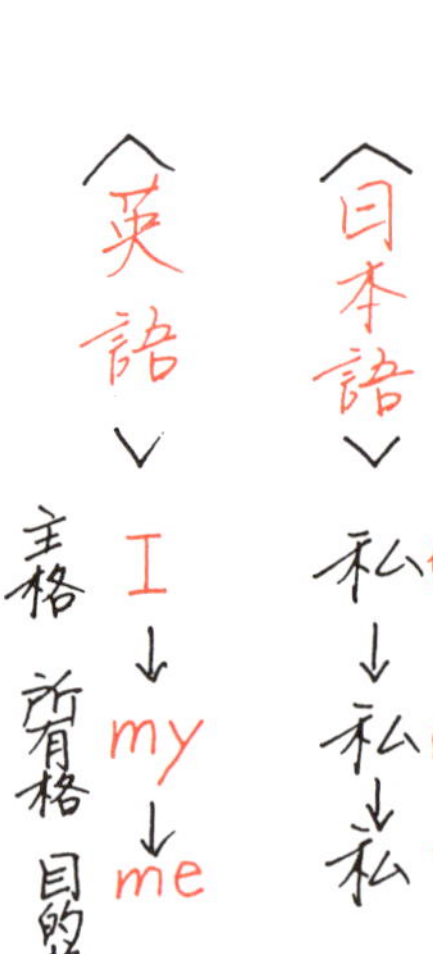

ところが、日本人であるわれわれは格を表すときに、私なら私ということばは変わらないですね。それに主格なら、主格の助詞をふる。目的格なら目的格の助詞、所有格なら所有格の助詞をふる。

こんなふうに、**文の中でその助詞の付いたことばが他に対してどんな関係になるのか。主語になるのか、目的語になるのか、何なのか。その関係を示すことばが格助詞。**そこで、われわれが勉強するときには、「の」なら「の」がどんな格を表すか、これを押さえておかないと具合が悪いわけです。

では、**[問題1]**にいきましょう。

問題1 **次の文中の「の」の用法を述べよ。**

(1) 世の中に光もたずに星くずの落ちては消ゆるあはれ星くず

(2) この国の博士どものの書けるものも、いにしへのは、あはれなること多かり。

(3) 男君の送れる文

(4) いと清げなる僧の、黄なる地の袈裟《けさ》着たるが来て……

(5) あしひきの山鳥の尾のしだり尾の長々し夜を一人かも寝む

まず、(1)をごらんください。これは何格と思う？

生徒・**連体修飾格。**

望月・その隣の彼、(2)は何格？……わからないですか。じゃあ(3)は？

生徒・**主格……**

望月・ほんなら君、(4)は何格や？

生徒・……

望月・最後に(5)はどう？

生徒・連体修飾格。

はい、わかりました。

というような結果になりましたが、合ってるのは(1)と(3)の二つかな。格助詞の「の」は別に難しくない。ほとんど現代語と同じ。「が」も一緒なんですけど、助詞の「の」といいますのは、原則として二つしかないと思ってください。

格助詞「の」の用法

① **連体修飾格「ノ」**

体言 の…… 体言

（例）人 の 文 （人の手紙）

② **主格「ガ」**

体言 の…… 用言

（例）人 の 言ふ （人が言う）

一つは**連体修飾格**で、**「の」と訳す用法**。それともうひとつは**主格**。**「が」と訳す「の」**。

別に特別なものでもない。今でも「ぼくのペン」「彼の机」といいますように、**そのまま「の」と訳すのが連体格**です。これはふつう、**名詞なら名詞についた「の」が、意味上かかっていくところも名詞である場合**。

たとえば「**人の文**」、これ「人」という名詞についた「の」が、意味上「文」という名詞にかかっております。それで、訳すときはそのまま**「の」**。名詞には体言というニックネームが付いていますから、その体言に連絡していくという意味で、文字通り、〝**連体格**〟

と呼ばれるわけです。

それに対して**主格は、名詞なら名詞についた「の」が意味上かかっていくところが用言を含んだことば。**たとえば「人**の**言ふ」。人という名詞の下についた「の」が意味上かかっていくところは、「言ふ」ということばです。これを訳すときは、「人が言う」といわなければしょうがない。これが**主格**。

格助詞「の」の変則用法

この二つなんですが、これにはそれぞれ変則がありますね。この**連体格の変則**は、今でも使います。たとえば「これ誰の本?」と聞かれて、「うん、ぼくの」と言いますよね。

こういうときの「の」というのは、「これは誰の本」と、いっぺん本と言ってますから、もう一回ここで、「うん、ぼくの本や」と言うとくどいから「ぼくの」ですましちゃう。本来ここには「ぼくの本だ」とあるはずなんですよ。あるはずなんですけど、わかりきっているから、それをはぶいてしまって、「ぼくのだ」という。「鉛筆を忘れた。君のを貸してくれ」とかね。

これは「君の鉛筆」ということですね。

こういうのがいわゆる**「準体格」**といわれるものです。入試の選択肢では、**「体言の代用」**とか**「準体助詞」**とか言われる場合もあります。一般には**「~のもの」と「もの」を補って訳しておけ**と言われますが、文脈の中で、「本」とか「鉛筆」とか、**省略されている名詞がわかっていたらそれを補ってください**。これは連体格のちょっと変則的なものと考えとくといい。名詞を補ったら連体格と同じ形ですからね。

それに対して**主格の変則**が**「同格」**と呼ばれるものです。この同格も、体言についた「の」が意味上かかっていくのが用言のところ、という点は主格と全く同じです。「人の丈《たけ》(=身長のこと)高き、走る」という文をちょっと見てください。「人の」の「の」は「高き」という用言にかかっていってるでしょう。

じゃ、何が違うかというと、たまたまこの**用言が連体形**(高き)で、その**連体形のあとに、「の」の上で使った名詞(人)がそっくりそのまま補えた場合、入試ではこれは主格としないで同格とする**んです。

同格というのは、ふつう**「で」**と訳せと言われるけ

格助詞「の」の変則用法

① **準体格**「ノモノ」

体言 の （体言）

＊「**体言の代用**」、「**準体助詞**」ともいい、**一般に「～のもの」を補って訳す。**

（例）ぼくの（もの）だ

② **同格**「デ」

体言 の… 用言 ＝**連体形** ／ **体言**（**同じ体言が補える**）

（例）人 の丈《たけ》 高き ＝連体形 ／ 人、走る。（人で背の高い**人が**走る）

れども、**不自然なら英語の関係代名詞のように、下からひっくり返して訳してもいい。**ちょっと不自然な英文だけど、たとえば、

A man who is tall is running.

という英文があるとする。これを「背の高い人が走る」と訳すように、「人の丈高き、走る」も、「人で背の高い人が走る」ではちょっと言い方がくどいよね。だから「人」を先行詞、「の」を関係代名詞のｗｈｏと見て、「丈高き」を「人」にひっかけて下から訳せば、英語と同じように「背の高い人が走る」となって、もっと自然になりますね。

もっとも、入試問題では、**多少不自然になってても「同格」の「の」を「で」と訳してある分には、絶対減点されない**から安心してください。

ところで、同格の「の」というと、何か入試問題の花形みたいに言われて脚光を浴びてるけど、ぼくはこれ、実際はほとんど心配していないんです。だって、だれも間違えないから。ぼくが本当に心配しているのはもう一つの用法です。

では**【問題1】**の答え合わせをしてから、最後にそのもう一つの用法というのを確認することにしましょう。

(1)　世の中に光もたず星くずの落ちては消ゆるあはれ星くづ

「世の中に」、だれが考えたって、世の中はそのまま訳しますし、「世」という名詞が「中」という名詞にかかっていて、体言が体言に連なっていくから**「連体格」**です。

(2)　この国の博士どもの書けるものも、いにしへのは、あはれなること多かり。

ところが⑵はその変則で、「この国の博士どもが書いたもの」と上にあるから、今度はその繰り返しを避けて、「いにしへのものは」と「もの」をいちいち言ってない。「のもの」と補って訳せますので、これが連体格の変則の**「準体格」**。**「体言の代用」**と書いても結構です。

(3)

男君の送れる文

続いて⑶は「男君が送った」、「男君の」が「送れる」のところにかかりますから、**「主格」**。

(4)

いと清げなる僧の、黄なる地の袈裟《けさ》着たるが来て……

これよく見てくださいね。「たいそう美しい僧が黄色の地の袈裟を着ている」。ここまでしか読まなかったら主格と思うよね。主格と同格は形の上では一緒だもん。だけど、これは**「同格」**です。

で、同格であることの証明ですが、「着たる」の「たる」が完了の助動詞の連体形なんです。ただし、連体形だからといって、いきなり同格に決めてはいけないよ。その「たる」のうしろに「僧」を補ってみて、「袈裟を着た僧がやってきて」、と下のことばにうまくつながったら、ここでめでたく⑷は同格です。同格は必ずそういうふうに見ていってください。

(5) あしひきの山鳥の尾のしだり尾の長々し夜を一人かも寝む

最後に(5)ですが、これはみなさんがかわいそうでしたね。みんなもう格助詞の「の」はよくわかってるので、ここまではわりとスッと来たんですが、(5)のような問題になりますとチンプンカンプンになっちゃうかもしれない。この(5)は**「連用格」**、あるいは**「比喩」**というやつです。こいつが、ぼくの心配してたやつ。選択肢では比喩と書いてあるところも多いんで、丸カッコして別名を入れておきます。

連用格(比喩)の「の」

- **散文**→**例の**……用言 ＝「ノヨウニ」

(例) 例の集まりぬ。

- **和歌**→**序詞を導く「の」**

五｜七｜五｜七｜七
（七の**の**・五の**の**）＝「ノヨウニ」

(例) あしひきの｜山鳥の尾の｜しだり尾**の**｜長々し夜を｜一人かも寝む

これ、どう訳すかわかる？　**「～のように」**。こんな訳をつける「の」は聞いたことがないかもしれませんけども、出てくるときには**形がある程度決まっておりますの**で、もし知らなかったら、ぜひ押さえといてください。

まず、一つ。博士、散文てどういうことかわかる？

生徒・自由きままに書く文？

それなら気ままに書けへん文は散文じゃないってこと？　宿題とかそんなんは散文じゃない？　じゃあ、散文の反対のことばはわかるか？　そうそう、韻文です。韻文に対して散文や。

散文というのは、古文で出てくる文章の場合でいうと、和歌とか俳句以外の普通の文。われわれが普通に読んでいる**古典の長文**。ああいう文にこの連用格、比喩という「の」が問題として出てくるとしたら、それはほぼ一つの場合しか考えられない。それは**「例」**と**いう名詞についた「の」**です。他にも使い方がないことはないのですが、入試レベルでは知らなくてもさしつかえありません。

ちょっと例を挙げときますね。

日暮るるほど**例の**集まりぬ

「日が暮れたころにいつものように集まった」。この「の」は名詞についた「の」ですが、上の名詞が「集まる」という用言にかかっていく。**「いつものように集まる」**と訳し、これが**「連用格」**。**和歌とか俳句以外の文に出てくる「例の」の「の」が危ないということ。**これを一つ押さえておかれますと大丈夫。

ただ気をつけていただきたいのは、「例の」の「の」を連用格でとるのは、あくまで**「例の」が「集まる」のような用言にかかっていく時だけ**です。「例の人」と、もし「例の」が意味上「人」のような名詞にかかったら、これはただの**「連体格」**。訳は「いつもの人」です。これだけは気をつけてください。

もっとも、これはそれほど入試には出ない。よく出るのは、こっちのほうなんです。**序詞を導く「の」**。

序詞を導く格助詞「の」

ところで、**序詞**《じょことば》ってどういうものかわかる？　次、だれやったかなあ。緑のシャツを着ている男の子。序詞ってどんなもん？　名前は聞いたことあるやろ。みんな**枕詞**や**掛詞**というのはよく知ってるんですわ。ところが序詞というのは、もひとつよくわかっていないな。

序詞といったら、一曲の歌謡曲を考えてください。歌謡曲といったら、普通こうじゃないですか。いきなり歌詞は始まりませんでしょう。まずイントロが流れて、次に歌が入りますでしょ。

和歌でも一緒でして、序詞の序というのを英語にしてみたらよくわかります。序っていったらいろんな訳し方があるでしょうけど、一つには〝イントロダクション〟。そうなんですよ、**序詞っていうのは歌の中で一種のイントロで、歌詞を引っぱり出す飾り**なんです。

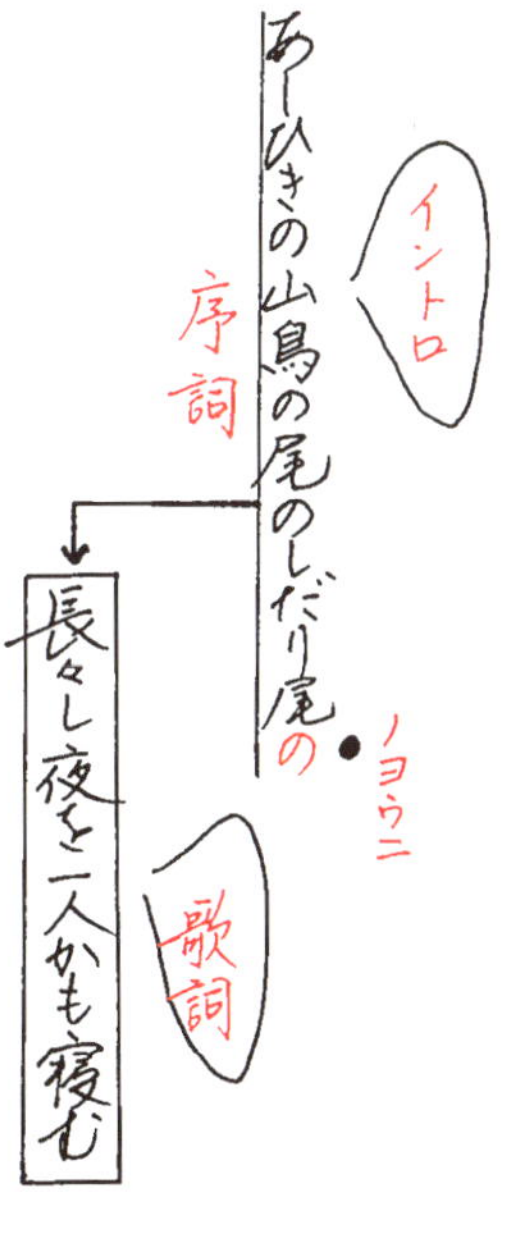
あしひきの山鳥の尾のしだり尾の
イントロ
序詞
ノヨウニ
長々し夜をひとりかも寝む
歌詞

ということは、この歌でいいますと、「あしひきの」は枕詞だから訳さないんですが、その下から訳していくと、「山鳥のだらりと垂れ下がった尾っぽのように長い夜をぼくは一人で寝るのかな」となる。

つまり、「あしひきの山鳥の尾のしだり尾の」の部分は、いってみたらイントロにすぎないんです。チャラララと飾りが書いてあるけど、本当にこの作者が言いたいことは「長々し夜をひとりかも寝む」にある。歌の内容はこのイントロのうしろにしか出てこない。序詞ってそういうものなんです。

入試問題では、「序詞はどこまでですか」とか、序詞を抜き書きさせられたりする。センター試験でも、出題されたことがある。だから見つけないといけないんですけど、見つけるときには、**「のように」と訳せる連用格の「の」が出てきたら、そこまでが序詞と考えるのがいい。**もちろん、序詞には他の形もありますけれども、**連用格の「の」がどこにあるかで判断していくというのが基本の基本**、受験生ならだれでも知っている、いや、知っとかないといけない知識です。

で、**実際の入試問題の場合、序詞を引っぱってくる「の」は、普通、二句か三句の末尾に現れます。**和歌は五・七・五・七・七。最初の五を初句、次の七が二句、あと順番に三句、四句、五（結）句というのはみんな知ってるよね。

要するに、**最初から12字目、あるいは17字目に「の」があって、そこに傍線が引っぱってあった時、入試問題では連用格があやしい**ということ。皆さんはそんな「の」を見つけたら、とりあえず**「～のように」と訳してみる**といい。それで**下につながったら連用格**、そして**その「の」が出たところまでが序詞**というわけです。

たとえば(5)は和歌だから、五・七・五・七・七と切って読むのね。切っていったら、おっ、三句目の末尾に「の」がある！　じゃあ「のように」と訳してみようか。「山鳥の尾っぽのしだり尾のように長い」。あっ、つながった。だからこれは、**連用格**だ。次、連用格とわかったら、そこまでが**序詞**だ。見方としてはそんなふうにするわけです。そこで、(5)は**「連用格」**。これが正解。**比喩**と書いてもマルです。

格助詞「が」

「の」をやったついでに、**「が」**についても触れておきましょう。**「が」の用法は基本的に「の」と同じ**です。

「の」と違うところは、**「～のように」と訳す連用格（比喩）の用法がない**ということ。あとは全く「の」の場合と考え方は同じです。

格助詞「が」の用法

① **連体修飾格「ノ」**

体言 が 体言

（例）梅が枝（梅の枝）

※**準体格**（体言の代用）「ノモノ」

（例）この歌は、ある人のいはく、大伴黒主が（歌）なり。

（この歌は、ある人が言うことには、大伴黒主**の**歌である）

② **主格「ガ」**

体言 が 用言

（例）雀の子を犬君《いぬき》が逃がしつる。

（雀の子を犬君**が**逃がしてしまったの）

※**同格「デ」**

ただちょっと心配なのは**「が」の同格用法**。次の文を見てください。

いづれの御時《おんとき》にか、女御《にょうご》・更衣《こうい》あまた候《さぶら》ひ給ふなかに、いとやむごとなき際《きは》にはあらぬが、すぐれて時めき給ふありけり。

（**口語訳**）どの天皇の御代《みよ》のことであっただろうか、女御や更衣といった天皇のお后《きさき》たちがたくさんお仕え申しあげていらっしゃる中に、それほど高貴な身分ではない人**で**、人にすぐれて天皇のご寵愛《ちょうあい》を受けていらっしゃる人がいた。

格助詞「が」の同格用法

この文章、どこかで見たことがあるでしょう。そう、**『源氏物語』**の第一巻、桐壺巻の冒頭、高校で必ず勉強するところですね。

古文の勉強をする時は、高校で習ったことっていうのは、文法でも単語でも、最優先でマスターしてや。だってほら、大学入試の入試要項なんかで、国語の問題の出題範囲として、よく「国語総合」を範囲とするって書いてあるでしょう。それって要するに教科書から出すよっていうこと。センターでもそうだよね。

そういう意味では、この部分、できて当たり前のはずなのに、「が」の文法説明として**「同格を表す格助詞」**と答えられる人はほとんどいない。たいていの人が、「逆接を表す接続助詞」と答えてしまうんです。

気持ちはわかります。現代語の感覚だと、ここは「それほど高貴な身分ではないけれど、人にすぐれて天皇のご寵愛を受けていらっしゃる人がいた」と訳してしまいたくなるだろうからね。

ところが、この時代に接続助詞の「が」はないんです。**平安の「が」は格助詞。**これは基本の基本です。**接続助詞の「が」ができるのは、平安末期。**だから入試レベルでは、**〝鎌倉時代から〟**と覚えておいてさしつかえありません。

同格の「が」っていうのは、正直いって、入試の場にそんなに出てくるもんじゃないんです。だから高校で習う『源氏物語』の、この用例ぐらいを覚えておけば大丈夫。

ここは、**「いとやむごとなき際にはあらぬ（人）」**という部分と**「すぐれて時めき給ふ（人）」**という部分が、どっちも光源氏のお母さん、桐壺の更衣に対する説明で、**「同格」**です。この例だけは、皆さん必ず覚えておいてください。他の同格は出たとこ勝負、それで結構です。

格助詞「より」

以上で格助詞の帝王「の・が」の話を終わって、次にこれも入試頻出、**「より」**の話に移りましょう。次の**【問題2】**を考えてみてください。

問題2 **傍線部分を訳せ。**

(1) 木の間より洩《も》り来る月の影

(2) ただ一人かちより詣でけり。

(3) 門引き入るるよりけはひあはれなり。

はい、そこまで。ちょっと聞いてみよう。トシ坊、(1)はどう？

生徒●「〜から」。

望月●じゃ、(2)は？

生徒●「〜で」。

望月●(3)は？

生徒●……。

はい、わかりました。じゃあ「より」のポイントを説明しましょう。

高校でもらってる文法のテキストを開くと、いろんなことが書いてありますよね。たとえば「より」で言うと、比較とか起点とか、その用法がズラズラっと並べてある。

で、これもいつもみんなに言うんだけど、あんなもの端からみんな暗記しようとしちゃダメですよ。たとえば、「ハナミチよりトシ坊のほうが背が高い」。この「より」は**比較**を表しますよね。そんなこと当り前です。「古典文法の講義は5時より3A教室で」。この「より」は**起点**。そんなこと、言われなくってもわかるわな。

「言われなくてもわかる」ということは、文法事項として暗記しなくてもいいということですね。だって現代語だから。われわれが現代語として毎日のように使っているから言われなくても当り前なんですよ。

「より」の用法はいろいろあるけれども、**古典文法の知識としてちゃんと意識的に勉強しておく必要があるのは次の三つの用法**です。

「より」の覚えておきたい三つの用法

① **経過点**「～ヲ通ッテ」

（例）木の間より洩り来る月の影。（木の間を通って…）

▽「～カラ」（起点）と訳せたら内容吟味!!

② **手段・方法**「～デ」

（例）ただ一人かちより詣でけり。（ただ一人、徒歩で…）

▽「徒歩《かち》より」の形に注意。

③ **即時**「～スルヤイナヤ」

（例）門引き入るるよりけはひあはれなり。（門に引き入れるやいなや…）

▽「体より」の形をとる。

まず①。これをトシ坊は「～から」と訳して「起点」ととったのだと思いますが、**「～から」と訳せたら内容吟味を忘れないようにしてください。**ひょっとしたら、**「経過点」**かもしれないからね。

内容吟味といったって、別に難しいことじゃない。子供にもどって頭の中に絵を思い浮かべればいいんです。

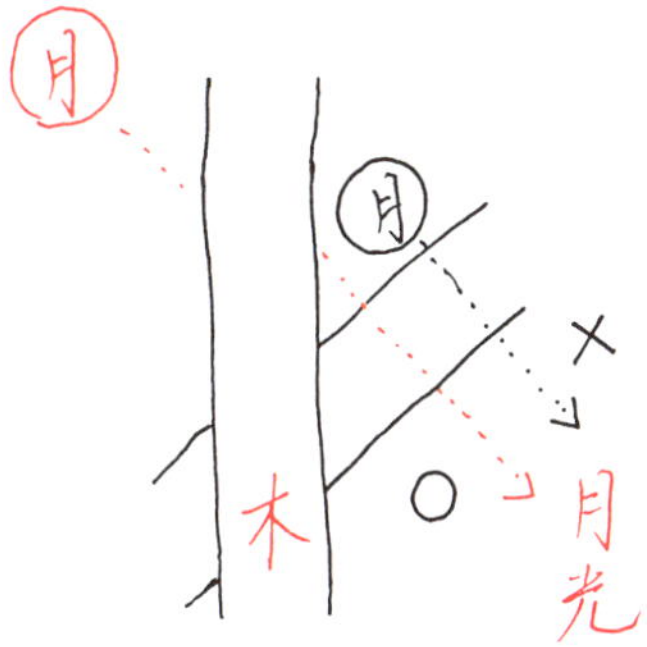

本当に「木の間」が起点で、そこから月の光がもれてくるのか、と。そんなバカなことはありませんよね。月の光の起点は空です。お空を発した月の光が木の間を通って地上にもれてくるんだよね。だからこの「より」は**「経過点」**。**「を通って」**と訳します。

つづいて②。これは**「〜で」**と訳してくれたけど、そのとおり。これは**「手段・方法」**を表します。手段・方法といったらいろいろありそうだけど、現実には**交通手段、移動の方法**しか表しません。**「馬より」**、これは馬が交通の手段なわけですね。**「徒歩《かち》より」**、これは移動の方法が徒歩だということです。

この用法は、言い切ってしまえば、試験で出るのはもう**「徒歩より（徒歩で）」**ばっかり。「徒歩」を**「かち」**と読ませる問題もありますよ。これ、全くあほらしいほどよく出ますから、覚えておかないと大変です。

よく出るといえば、③もそう。これは**「〜するやいなや」**と訳して**「即時」**です。これは形の上で簡単に判別がつきます。

その前にハナミチ。**格助詞の接続**って知ってる？

生徒・体言、連体形。

望月・すごい、すごい。それ知ってたら上等やで。

格助詞っていうのは、体言か連体形に付くんですよね。で、**「即時」っていうのは連体形に付いて、体言には絶対に付きません。**だから、**問題で活用することばの連体形に「より」が付いていたら、とりあえず「〜するやいなや」と訳してみたらいい。**それで意味がスッと通ったら、**「即時」**です。

実際、この問題で⑴の「より」は「間」という名詞、体言についているから即時じゃない。⑵も同じ。「徒歩」は名詞やもんな。ところが、⑶だけは「引き入るる」という動詞の連体形に付いている。訳してみよう。「門に（車を）引き入れる**やいなや**、（中の）気配はしみじみとした趣がある」。おかしくないよね。だから**「即時」**です。

⑴、⑵についても、口語訳をつけておきましょう。⑴は「木の間を通ってもれてくる月の光」。**「影」**は古語では**「光」**ですね。⑵は「ただ一人、徒歩で参拝し

た」。「まうでけり」の**「まうづ」**は、**「参上する、参拝する」**という意味の謙譲語です。

格助詞「して」

次に、**「して」**はやはり次の**三つの用法**を覚えておかないといけません。「より」ほど出題率は高くありませんが、ポイントだけまとめておきましょう。

格助詞「して」の三つの用法

① **共　同「～ト共ニ」**
(例) もとより友とする人、ひとりふたりして行きけり。
(以前から友人としていた人、一人二人と共に行った)

② **手段・方法「～デ」**
(例) そこなりける岩に、およびの血して書きつけける。
(そこにあった岩に、指の血で書きつけたのだった)

③ **使役の対象「～ニ命ジテ」**
(例) かたはらなる人して言はすれば……。
(そばにいる人〈女房〉に命じて言わせたところ……)

国公立で二次試験を受ける人は、口語訳の傍線部分に「して」が含まれることが多いから、以上、三つの訳し方を頭に入れておいてください。私大受験者のほうは識別問題に出る可能性があるんですが、これは第②巻の識別のところで改めて考えることにしましょう。

格助詞「と」

最後に第②巻では扱わない**「と」**の注意点にふれて、格助詞のお話を終わることにします。

格助詞の「と」で気をつけておくのは、**「強調」**と**「比喩」**。**「強調」の「と」**は、「吹きと吹きぬる」とか「ありとある人」とか、「生きとし生けるもの」などのように、同じ動詞の間にはさんで使います。今でも言いますよね、「ありとあらゆる」なんて。訳語にそれほど気をつかう必要はありませんが、ただ「と」にそういう用法があることは、記憶にとどめておいてください。

一方、**「比喩」の「と」**は**「〜のように」**と訳します。皆さんは使わないかも知れませんが、年配の人は、今でもたまに「拍手の嵐が雨と降る」とか、「太平洋の藻くずと消える」とか使いますね。和歌に使われた例を一つ。

駒並《な》めていざ見に行かむ故郷《ふるさと》は
　雪とのみこそ花は散るらめ

（馬を並べて、みんなでさあ見に行こう。旧都〈奈良〉は、まるで雪のように花が散っているでしょう）

まあ、「と」なんかは出ない確率のほうが高いですから、あくまでも参考です。そんな話もあったな、程度に、気楽にやってください。

問題1■全訳・答

(1) この世に光もはなたずに、星屑が落ちては消えてゆく。ああ、あわれな星屑よ。 **《答　連体格》**

(2) この国の博士たちが書いたものも、昔のものは情趣深いことが多い。 **《答　準体格》**

(3) 男君が送った手紙。 **《答　主格》**

(4) たいそう美しい僧で、黄色の地の袈裟を着た僧が来て……。 **《答　同格》**

(5) 山鳥のあのたれさがった尾のように、長い長い（秋の）夜を（恋しい人と離れ）私はただ一人寝ることであろうかなあ。 **《答　連用格》**

問題2■全訳・答

(1) 木の間を通ってもれてくる月の光。

(2) ただ一人、徒歩で参拝をした。

(3) 門に（車を）引き入れるやいなや、（中の）気配はしみじみとした趣がある。

第12回 接続助詞

今日は助詞のなかでも**接続助詞**と呼ばれるものについてやってみたいと思います。

接続助詞とは**文と文とをつなぐ助詞**で、つなぎ方がいろいろあるわけです。皆さんは、**個々の接続助詞がどんなつなぎ方をするか**をマスターしておかないといけない。それが接続助詞を勉強するときの**ポイントの一**。次に、**接続**。助動詞と同じように**一つ一つの接続助詞が何形に付くか**も押さえておく。これが**ポイントの二**。

◎接続助詞

ば・とも・ど・ども・が・に・を

て・して・で・つつ・ながら・

ものゆゑ・ものから・ものの・ものを

で、まあ細かいことはお話を進める中で注意するとして、とりあえず接続助詞の全メンバー、覚えてらっしゃいますか。いざ思い出そうとすると案外出ないもんですけど、実はこれだけある。

接続助詞の基本は、まず**「ば」**。「ば」は高一の初めに習います。それから、大事なものといえば、解釈で出るのはやっぱり**「ものの・ものゆゑ・ものから・ものを」**ですね。あと識別で大事なのは**「に」**と**「を」**。これは古典ではしょっちゅう出てきます。文と文をつなぐことばですから、用法を知らないと訳せないので、これはぜひ今回やっておきたいと思っています。

「て」は読解のときにいろいろ役に立つし、**「して」**は識別が出るし、**「で」**というのもよく解釈に出るんです。**「つつ」**は今回扱いますが、大事といったら

「ながら」も大事。

こんなふうに、接続助詞というのは大変大事なものなので、少し長くなるかもしれませんが、入試の場で絶対必要なことはすべてチェックしておきます。ただし「ながら」は、文法というより訳し方を知っておくことが大事なので、次のような訳し方があることを覚えておいてくだされば結構です。

接続助詞「ながら」の用法

① **逆　接「ノニ」**
(例) 冬ながら花の散りくる。（冬なのに花が散ってくる）

② **同　時「ナガラ」**
(例) 食ひながら文をも読みけり。（食べながら書物をも読んだ）

③ **その他「～ノママ」「全部、～中」**
(例) 居ながら眠《ねむ》る。（座ったまま眠る）
一年ながらをかし。（一年中趣がある）

接続助詞「ば」

次は基本の基本、「ば」から少しくわしく説明します。**「ば」の用法**。これは、高校なんかでは動詞の活用と形容詞、形容動詞の活用が終わったら、一番最初にやりますね。古文読解の基礎知識として。こんなの訳し方知らなかったら、口語訳つけられないからね。

接続助詞「ば」の用法

☀ **仮定条件…未然形＋ば「モシ〜ナラバ」**（例）雨降らば

☀ **確定条件…已然形＋ば**（例）雨降れば
- ①**原因・理由「ノデ・カラ」**
- ②**偶然条件「トコロ・ト」**
- ③**恒常条件「トイツモ」**

接続助詞ですから上の文と下の文をつなぐんですけど、**未然形に「ば」が付いた場合**は、これを〝**仮定条件**〟という。たとえば「雨降らば」と書いてあったら、「もし雨が降ったならば」です。

よく高校の先生がみなさんをおどかすのは、「**雨降らば**」という形と「**雨降れば**」という形は全然違うんやでと。「雨降らば」は未然形に「ば」が付いてますけど、「雨降れば」は已然形に「ば」が付いてる。未然に「ば」が付いたほうは仮定条件として、「もし雨が降るならば」と訳します。

ところが、**已然形に「ば」がついた場合**は、〝**確定条件**〟という名前がついている。確定条件の面倒なところは訳し方が三つあるということ。「未然形＋ば」は一個でよかったんですが、**「已然形＋ば」については、訳が三種類に分けられる**んです。一つは「**ので**」とか「**から**」と訳す〝**原因・理由**〟の用法。二つ目は、「**ところ**」とか「**と**」と訳す〝**偶然条件**〟。三つ目は「**〜するといつも**」と訳す〝**恒常条件**〟。先生によっては、〝恒時条件〟とおっしゃる場合もあります。

ぼくらでもそうでしたけど、子供のときには、「已然形＋ば」はとにかく「ので から ところ と といつも」と、訳語をまず頭に入れなさいと言われる。訳し方がわからなかったらどうにもならないから、無理やり記憶されられましたね。今度受験生になったら、覚えるだけじゃなくて、それを使いこなせないといけない。そこで次のような問題があるわけです。

問題1 **傍線部を文法的に説明せよ。**

(1) 人に勝らむことを思はば、ただ学問して、その知を人に勝らむと思ふべし。

(2) 京には見えぬ鳥なれば、みな人見知らず。

(3) 柿食へば鐘が鳴るなり法隆寺

(4) 北風吹けば、南になびく。

まず、一つ目をごらんください。「人に勝らむことを思はば」。この「ば」は**ハ行四段活用の動詞「思ふ」の未然形**に付いていますから、**仮定条件**。訳し方は**「もし思うのならば」**ということです。

さあ、それで(2)、(3)、(4)。(2)は「鳥なれば」で、これ「なれ」は**断定の助動詞「なり」の已然形**。その已然形に「ば」が付いています。(3)は「食へば」。**ハ行四段活用の動詞「食ふ」の已然形**に「ば」が付いています。(4)番は**カ行四段活用の動詞「吹く」の已然形「吹け」**に「ば」が付いてる。

(2)~(4)はみんな〝已然形+「ば」〟ですが、確定条件だから①②③のどの訳し方がいいか見分けていかないといけない。そのためには、接続助詞ですので**上の文と下の文のつながりを見ればいい。**

(2)は「都に見えない鳥である」という文が書いてある。「ば」の下には、「人はみんな名前を知らない」と書いてある。そうしますと、上の文は、みんながその鳥を知らないことの理由が書いてあるようですから、これは**〝原因・理由を表す確定条件〟**とわかります。**「ので」**とか**「から」**と訳すんですよね。「都には見られない鳥であるので、みんな知らない」。

続いて(3)は、上に「柿を食う」という文があって、下に「鐘が鳴る」という文がありますね。柿を食うので鐘が鳴った、ではおかしいですね。柿を食うといつも鐘が鳴ってもおかしい。柿を食っている**とたまたま鐘が鳴った。上の文の状況が起こったときにたまたま、偶然、下の状況が起こる。**そういう場合は**偶然条件**ですから、(3)の解答は**〝確定条件で偶然〟**ということになるでしょう。

(4)にいきます。恒常条件の「已然形＋ば」なんていうのは、特別に接続助詞「ば」の文法問題としてとり上げるのでなければ出てこない。読解の時間に、「已然形＋ば」が出てきたとき、「〜するといつも」という訳をつけることは、まずめったにないと思ってください。

だけど文法問題は別です。もし出題されたら大変ですから、そういう用法が存在するということは知っておいてくださいね。「恒常」の「恒」という漢字の意味は**「常に」**。すなわち**上の文の状況が起こってくるときには常に、下の文の状況が起こるというような場合が恒常条件**。この場合「北風が吹く」という状況のもとでは、「(ものが)南になびく」という状況が常に起こってくるということを、「ば」がはたらきとして示しているわけです。これは文法問題用に押さえておくべき知識ですね。

接続助詞「に(を)」

では、接続助詞「ば」の話はこれぐらいにしておきましょう。ぼくがちょっと心配しますのは、次の**「に」**とか**「つつ」「ながら」**のあたりなんです。まず**「に」**についてまとめていきましょう。**「を」も使い方は全く一緒**です。接続はどちらも**連体形**。

「に」と「を」の用法といったら、次の三つが大切。

接続助詞「に・を」の用法

①順　接「ノデ・カラ」→雨降るに（を）我行かず。

②逆　接「ノニ・ケレド」→雨降るに（を）我行く。

③単純接続「トコロ・ト」→野を行くに（を）雨降る。

まず一つ目が**順接**、二つ目が**逆接**。あともう一つ、知ってますか。これは何かと言いますと、**"単純接続"**というものです。

たとえば一つ目、この「に」は接続助詞ですから、SVとSV、つまり文と文をつないでるんです。で、「雨降るに（を）我行かず」という文があって、雨が降ったら当然、人間って外へ行きたがりませんね。上に述べてあることから、すんなり納得できるような結果が下の文に書いてあるわけですから、これは**順接**といって、普通こう訳します。「雨が降るので私は行かない」。雨が降るという状況で、行かないという状況が起こるのは当然のことですよね。こういう**予想通りの展開になるものを順接**といいます。

ところが②になりますと、さっきと逆で、今度は「雨が降ったのに行った」と**反対の内容が前後にあります**。だから、これは**逆接**です。

三つ目はよく見ていただくと、「に」をはさんで上に「ぼくは野原を歩いていた」、下に「雨が降った」という文があります。「野原」を行ったので雨が降った」では変ですね。「野原を行ったのに雨が降る」と逆接でとったら、野原を人が歩けば雨は降らないかのように聞こえます。こういう文は、**「に」をはさんで前文と後文とが何の因果関係も持たない。何の関係もない文と文で、単に前の文が時間的に先に起こった。**

うしろは後に起こる。それをスッとつないだんです。こういうふうに**関係のない文同士を単純につないだもんですから、単純接続という**わけです。単純接続の場合は、**「～すると」「～したところ」**と訳してください。

以上、接続助詞の「に（を）」といったら基本的にこの三つがあります。これは**前文と後文をよく見て、決めていただくといい。**特に③に気をつけてくださいね。

では、「に」についての問題をやってみましょうか。

問題2 **傍線部「に」の用法を述べよ。**

(1) 法蔵《はふざう》の破れてはべるに、修理《すり》してたまはらん。

(2) 梅は咲きたるに、うぐひすは鳴かず。

(3) あやしがりて寄りて見るに、筒の中光りたり。

(1)をごらんください。「法蔵《ほうぞう》（お経を入れておく蔵《くら》）が壊れています」。だから「修理してください」というんでしょうね。つまり「法蔵が破れていますので修理してください」。**順接**ですね。

(2) うぐいすって梅が大好きなんです。梅が咲いたら、ふつうはうぐいすが喜んで集まって来るはず…。なのにこの文は、「梅が咲いた」しかし「うぐいすは鳴かない」と、予想に反する逆の内容が下に書かれています。だから**逆接**。

(3)は「不思議がってそばに寄って見る。竹の筒の中が光っている」。これは因果関係のないもの同士をつないだだけですから、**単純接続**。「不思議がって寄ってみると、筒の中が光っている」という意味ですね。

接続助詞「て・で」

次、**「て」と「で」**の区別も入試頻出です。

まず「て」ですが、これはほとんど現代語と使い方は変わりません。「ぼくは今日学校に行って、家に帰って、お風呂に入って、テレビを見て……」というふうに、**先に行われた順に動作をそのままつないでいきます**。訳語もそのまま**「て」**。

ところがごくまれに、**「て」が原因・理由「ので」や「逆接」の「のに」の意味を表すことがあります**。これ、たまに入試に出ることがあるからね。まあ、出たら運が悪かったというようなもんだけど、現在もその手の問題、たとえば、文中の「て」にいっぱい線を引っぱって、この中から訳し方が他と違うものを選べ、なんていうのは死滅していませんから、いちおう二つの用例をあげておきましょう。

(1) 八日、障《さは》ることありて、なほ同じ所なり。（土佐日記）
（八日、〈船の進行に〉差しつかえることがあったので、依然として同じ所にいる）

(2) 目に見て手には取られぬ月のうちの桂のごとき君にぞありける（伊勢物語）
（目には見えているのに、手に取ることはできない、月の中の桂のようなあなたであったなあ）

ついでに言うと、「て」の兄弟に「して」という接続助詞があるんだけど、兄弟だから使い方は全く同じ。訳の上で気にすることは何もありません。ただ、**識別問題が出るので、接続助詞に「して」があることだけ覚えておいてください。**識別の仕方は第②巻でじっくり考えることにしましょう。

「て」といえば、やっぱり「で」との区別が入試では大切です。

「で」は打消の「ず」と接続助詞の「て」がドッキ

ングしたもので、その名も**「打消接続」**。訳も「ない」と「て」をくっつけて**「～ないで」**となります。たとえば、「言はで思ふ」とあったら、「言わないで思う」と訳さなければいけないわけだね。接続も、「て」が連用形なのに対して、「で」は打消の「ず」が入っているだけに**未然形**になります。

これは本当に頻出だから、必ず覚えておいてよ。覚えてくれへんかったら質問に来ても無視するぞ（笑）。

「て」と「で」の区別

・―㊊ **て** 「～テ」 (例) 思ひて言う。（思って言う）

・―㊍ **で**（ず＋て） 「～ナイデ」 (例) 言はで思ふ。（言わないで思う）

＝**打消接続**

接続助詞「つつ」「ものから」

さあ、今度は**「つつ」**と**「ものから」**のほうにいきたいと思います。これは大丈夫かな。まず「つつ」から。

接続助詞「つつ」の用法

① **反　復**「〜テハ〜」
② **継　続**「〜シツヅケテ」
＊同　時「〜ナガラ」

あのね、「つつ」って現代語でも使うけど、古典に出てきて、特に**国公立の二次試験**なんかがある人は気をつけてください。**採点基準に必ず入るから、きちんと押さえとかないといけない。**

この「つつ」は、**完了の助動詞の「つ」が二つくっついてできたもの**なんです。完了の「つ」からできているので、**接続は連用形**。たとえば「書きつつ」という表現が古典で出てきたとするでしょう。それは**「書きつ、書きつ」**ということなんです。

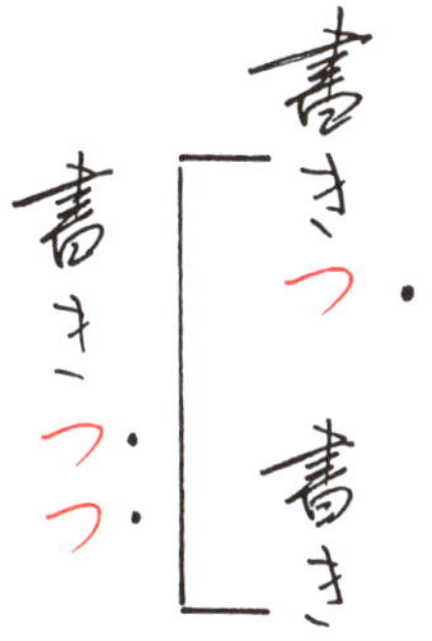

「あ」という字を書いてみようか。はい、これで「あ」を一回「書きつ」や。もう一回、書いてみようか。これで二回目を「書きつ」。もう一回しようか。三回、ぼくは「あ」を書くという行為を〝**反復**〟しましたね。「あ」という字を書いては書き、書いては書きしたわけや。**「〜しては、また〜する」**。だから**「つ**

つ」の原義は、ある動作をして、またその動作を繰り返すということです。

そこで、［問題3］。

問題3 **傍線部を口語訳せよ。**

野山にまじりて竹を取りつつ、よろづの事に使ひけり。

竹取りの翁は野山にまじって竹を取っては、また取って、取ってはまた取って、来る日も来る日も取るという動作を反復して、さまざまなことに使ったわけです。口語訳としては「**竹を取っては(○)**」。「竹を取りながら(×)」はダメ。

それとも一つ。さっき、ぼくは「あ」という字をゆっくり書いていては、また書きました。じゃあ、これをスピードを速めていったらどうなるか……。ぼくは「あ」という字を書き続けますでしょう。だから、もう一つの意味は「**継続**」。書くという動作をぼくはしつづけたわけだ。というわけで、**反復でダメな場合は継続**にします。

そして、覚えといてほしいことは、「つつ」というと、皆さんがよく思いうかべる「**〜しながら**」という訳。この「**同時**」とか「**並行**」という用法は、**反復とか継続の訳がどうしてもあてはまらない時にだけ使います**。

ともかく「**つつ**」は、「**反復**」と「**継続**」**が基本**です。それともう一個、これの**特記事項**。百人一首というのがありますね。あれの四番目の歌を覚えてますか。一番目は「秋の田の刈穂の庵《いほ》の苫《とま》をあらみわが衣手は露にぬれつつ」。二番目は何やった？「らし」のところでやった「衣ほすてふ天の香具山」。三番目は「の」でやった「長々し夜を一人かも寝む」で、四番目は、

田子の浦にうち出でてみれば白妙の
　富士の高嶺に雪はふりつつ

百人一首は最低でも、一番から三十番までは受験のためにやっといたほうがいいよ。よく出るのは前のほうですので、この夏もし学校で宿題が出たら必ずやっといてください。

「富士の高嶺に雪はふりつつ」。この歌の中に「つつ」が出てますでしょう。特記事項として、これは覚えといてください。

接続助詞「つつ」の特記事項

五｜七｜五｜七｜七｜**つつ** → 詠嘆「〜ダナア」「〜ナコトダ」

（例）田子の浦にうち出でてみれば白妙の富士の高嶺に雪はふりつつ

和歌の句末にある「つつ」は、元来は**反復**なり**継続**なんです。たとえばこの歌でいうと、ずっと旅を都のほうからしてきて、富士山のふもとの田子の浦に出てみると、富士の高嶺に雪はふり続けてるんですけれども、**和歌の中の句末の「つつ」**は、特別にこれを**「つつ止め」**と呼びまして、**詠嘆表現**とされてる。

センターが毎年のように和歌を出すようになってから、国公立はもちろん私大でも和歌を出すのがはやっていますけれども、詠嘆ですから訳語としては**「〜だなあ」**とか**「〜なことだ」**とかがいい。

高校で詠嘆はよく耳にされてると思いますが、**「ふり続けていることだなあ」**、あるいは**「ふり続けてい**

るなあ」。**和歌の句末の「つつ」については詠嘆のニュアンスをちょっと添えること**を覚えといてください。散文の普通の文章の「つつ」は、そうはならないね。**和歌だけの約束事**。以上が「つつ」の大切なところです。

「もの」系統の接続助詞

では、次に**「もの」系統の接続助詞**についてまとめときましょう。

接続助詞「もの」系統の用法

- ものの
- ものゆゑ
- ものから
- ものを

→ **逆接**「〜ノニ」「〜ケレド」

これはほんとに**入試頻出**ですよ。この知識自体はみんな持ってるんだけど、文中に出てくるとつい忘れてしまう。「ものゆゑ」というのもたまにありますんで、入れておきましたが、この四つ、全部接続助詞です。特徴は、見たらみんな気がつくと思いますが、「もの」という名詞があって、その下にことばがくっついてできております。だから、**「もの」系統の接続助詞**。「もの」が体言だから、**接続は連体形**です。

受験生が絶対忘れてはならないのはこのこと。**オーソドックスな古文の文章でこのメンバーのどれか一つでも出てきたら、とにかく「逆接」でとらないといけない**。絶対、逆接ですからね。とくに怖いのは**「ものから」「ものゆゑ」**の二つ。「ぼくは今日、ちょっと風邪をひいてしんどかったものだから学校に行きたくないんだ」とか、「今日は腹がへったものゆえおにぎり買って行きたい」とかね。
われわれの現代語の感覚では、何となく順接の感じがするでしょう？「ゆえ」とか「から」に引っぱられて、ついつい順接かな、原因・理由かなというようなことを考えがちです。でも、入試ではこれはあり得ない。**「もの」がついた接続助詞は逆接で、「〜なのに」、「〜だけれど」**。まあ、鎌倉時代や江戸時代になると順接の使い方が出てこないわけではないけど、今の入試問題では、そんな例外はほとんど無視してさしつかえありません。
そこで**【問題4】**。

問題4 **傍線部の用法を説明したものとして、適当なものを選べ。**

月は有明にて、光をさまれる<u>ものから</u>、影さやかに見えて……

(ア) 逆接　(イ) 単純接続　(ウ) 原因・理由　(エ) 起点

「月は有明にて」、「有明《ありあけ》」というのは夜が明けてもまだ残ってる月ですね。「光をさまれるものから、影さやかに見えて…」、「光は薄らいでいる**けれど**、その形ははっきり見えて」。影といいますのは、ここでは**「姿」**や**「形」**という意味です。で、正解は**(ア)逆接**。
今ふっと思い出したんですけど、この短文に描写されているのはひと月のうちの上旬ですか、中旬ですか、下旬ですか。もしそんな問題が出たら判断できますかね。実はこんだけの短い文で、上旬か、中旬か、下旬かわかるんです。ポイントは**「有明」**ということば。この前の子に聞いてみよ。「有明の月」の反対ことばは何ですか？

生徒・**「夕月夜」**。
望月・どっちが上旬？
生徒・……。

望月・「夕月」が上旬、「有明」は下旬でしたね。**「有明の月」といったら夜が明けても残ってる月。**夕方の四時ぐらいの時間帯はまだ明るいでしょ。それでふっと空を見たら、まだ明るいのにお月さんが出てることってありますよね。あれが**「夕月夜」**。

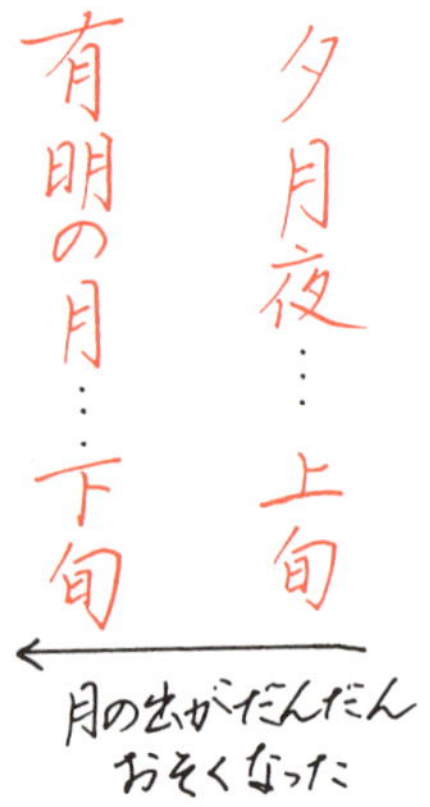

「有明の月」と「夕月夜」で上旬と下旬が区別できます。ひと月は一日から三十日までありますでしょう。昔のお月さんというのは、下旬に近付くほどだんだん出が遅くなったんです。ということはどういうこと？

夕方に月が出てるというのは、日の出が早いわけでしょう。**下旬へ行くほど月の出が遅くなるから、「夕月夜」というのは当然、上旬ということになる。**一方、夜が明けてもまだ残ってる月というのは、出たのが遅いはず。コンビニでもそうですよね。夜が明けてもまだ残っている店員さんは店に出て来たのも遅いはずです。**「有明の月」ということばが文中にあったら下旬の話だとわかる。**

古文単語としては、「有明の月」「夕月夜」というのは意味はほとんど問われませんけども、いま言ったことだけは気をつけておいてください。**【問題4】**は「有明」がありますので、これは月の下旬の話だとわかります。

問題1 全訳・答

(1) もし人に勝つということを思うのならば、ひたすら学問をして、その知力を人より勝れたものにしようと思わねばならない。

《答　仮定条件》

(2) 都には見られない鳥であるので、みんな知らない。

《答　原因・理由を表す確定条件》

(3) 柿を食べていると、たまたまこの法隆寺で鐘が鳴ったなあ。

《答　偶然を表す確定条件》

(4) 北風が吹くといつも、南になびく。

《答　恒常条件》

問題2 全訳・答

(1) 法蔵が壊れていますので修理してください。

《答　順接》

(2) 梅は咲いたのにうぐいすは鳴かない。

《答　逆接》

(3) 不思議がって寄ってみると、筒の中が光っている。

《答　単純接続》

問題3 全訳・答

野山にわけ入って竹を取っては、様々なことに使っていた。

問題4 全訳・答

月は明け方の月で、光は薄らいでいるけれど、その形ははっきり見えて……

《答　(ア)》

第13回 副助詞

さあ、それでは**副助詞**にまいりましょう。これ、どんな助詞かわかるかなあ。まず、メンバーを先に見てみようか。

◎副助詞

だに・すら・さへ・のみ・ばかり・など・まで・し・（しも）

ただし、「しも」だけは丸カッコをつけといてください。この中で、ぜひ押さえておいてほしいのが**「だに・すら・さへ」**の御三家。それから、**「し」**は識別に出るから、ぜひやっとかないとね。出しやすいから、よく出るんです。

二通りの解釈がある「しも」

「しも」を丸カッコしましたのは、これは先生によって「しも」で一語の副助詞だという人と、いや違う、これは「し」という副助詞と、「も」という係助詞がドッキングしたもんだという先生がいる。

われわれとしては、それならどうしたらいいかということですが、いちおう両方知っとかないとしょうがない。

記述の品詞分解で出てきたときにどっちを書いたらいいかといったら、それは**どちらを書いてもマル**にしてくれる。問題を作る方は、かりに一方の説が正しいと思っていても、もう一方の説もあることを知っていますから、採点するときにはどっちでもマルにしてくれます。ただ、マーク式の問題で、選択肢に知らない方が書いてあるとびっくりしますから、いちおう両方の説があるということを知っておいてください。

副助詞というのは、副詞のような助詞だから副助詞っていいます。でも、そんなことは忘れてもOK。みなさんとしては、副助詞は、**文に何らかの意味をそえる助詞**だと覚えておいてください。個々の副助詞が文にどんな意味をそえるのか。それを勉強するのがこの章のポイントです。

副助詞「だに・すら・さへ」

まずは「だに・すら・さへ」。これは学校でも結構うるさく言われると思うんですけど、まだあんまり文法に慣れてなかったら、原則をまずつかんでください。いきなり、何でもかんでも頭に入れようとするとゴチャゴチャになるからね。

副助詞ですから、どんな意味をそえるかが大事です。とりあえず**「だに」**と**「すら」**は、**「さえ」**と訳します。一方、**古典の「さへ」**は「さえ」そのままで訳してはいけません。**「〜までも」**と訳します。そして注意しないといけないのは、**「だに」はもう一つ、「せめて〜だけでも」という訳し方があるんです。**

副助詞「だに・すら・さへ」の原則

☀「**だに**」「**すら**」…「サエ」（**類推**）／「だに」には「**セメテ〜ダケデモ**」（限定）の意もあり。

☀「**さへ**」…「マデモ」（**添加**）

ということは、この御三家の中で一番入試で危ないのは、「だに」ということになりますね。

そこで、こうした問題が出てきます。

問題1 **傍線部「だに」と最も近い用法のものを、(ア)～(エ)の中から選べ。**

［亡き桐壺の更衣を］女御とだに言はせずなりぬるが、［帝は］あかず口惜《くちを》しう思さるれば……

（源氏物語）

(ア) 我に今ひとたび声をだに聞かせ給へ。
(イ) 深山には松の雪だに消えなくに都は野辺の若菜摘みけり
(ウ) 三輪山をしかも隠すか雲だにも心あらなも隠さふべしや
(エ) 散りぬとも香をだに残せ梅の花恋しきときの思ひ出にせむ

この問題は、要するに**「だに」を限定と類推に分けろと言ってる**んですね。分ける時には、皆さんは「だに」を限定でとる時の形を記憶しておかれるほうが安全です。

副助詞「だに」の限定用法

「だに」…命令・願望／意志・仮定 → 「セメテ〜ダケデモ」（限定）

（例）鳥だに鳴け《命令》。（せめて鳥だけでも鳴け）

花だに見ばや《願望》。（せめて花だけでも見たい）

月だに見む《意志》。（せめて月だけでも見よう）

風だにやまば《仮定》、うれしからむ。（せめて風だけでもやんだならば、うれしいだろう）

「だに」を限定でとる時は構文が決まっていて、「だに」が出たそのうしろから句点（。）までのうち、どこでもいいから、そこに書いてある**〝命令・願望・意志・仮定〟という四つの表現が来るときには「せめて〜だけでも」と訳す**。それ以外は全部、類推**「さえ」**で行く。

では、「だに」を「せめて〜だけでも」と訳すときの四つの形というのを検討してみましょう。

まず、**「意志」**。**意志の助動詞なんかが使われていたら、「だに」は限定で訳さないといけません**ね。たとえば、「せめて文法だけでも覚えるつもりだ」。

それからこんなのもある。「せめておにぎりだけでも食べたい」とか「せめて水だけでも飲みたい」という文の、この「たい」というのは何？　うん、**「願望」**ですね。

それから、「せめて単語だけでも覚えなさい」というような**「命令」**。最後は「せめて英単語だけでも覚えたならば」というような**「仮定」**。繰り返しますが、このように**「だに」のうしろに命令、願望、意志、仮定の四つの表現のどれかがきたら、「だに」は「せめて〜だけでも」と限定でとらえる。それ以外のものは全部、類推の「さえ」ととってよい**ということです。

そこで本文を見ていただきますと、「亡き桐壺の更衣を」。この話は高校生は全員習いますので予備知識があると思うんですが、光源氏のお母さんでありますす桐壺の更衣がみんなにいじめられて死ぬんです。それで、「亡き桐壺の更衣を、女御とだに言はせずなりぬるが、帝はあかず口惜しう思さるれば」と、「だに」のあとの部分を探してみても、命令も願望も意志も仮定もないですね。そうすると、この**「だに」は類推の「さえ」**。「女御とさえ言わせずじまいに終わったことが、帝はもの足りなく残念にお思いにならずにはいられなかったので……」と続いていくわけです。

すると、われわれは選択肢の中から、**「さえ」と訳す「だに」**を探さなければなりません。ということは逆に言ったら、命令、願望、意志、仮定をとっていないような「だに」を見つけるといい。そうしますと、まず消えるのは(ア)と(エ)。

まず(ア)からいきましょうか。「聞かせ給へ」の「給へ」にマルをしてください。この「給へ」は命令形ですね。現代でも、「君、バカなことはやめ給え」なんていいます。こんなふうに、下に命令形がきているから限定です。「せめて〜だけでも」のほう。光源氏が「僕にもう一度声だけでも聞かせてくれ」って、死んだ恋人に呼びかけている一節です。どうでもいいことかも知れませんが、「聞かせ」の「せ」は使役の助動詞です。

(エ)も限定ですね。「散りぬとも香をだに残せ」。「残せ」にマルをしてください。これも命令形。命令形が下にあるから「だに」は限定だとわかります。「もし散ったとしても、せめて香りだけでも残しなさい。梅の花よ、恋しいときの思い出の種にしたいのだから」。この二つは限定ですから、正解にはなりませんね。

願望の終助詞「なも」

ところが(ウ)になりますと、消せる人と消せない人がいたんじゃないかと思う。「三輪山をしかも隠すか雲だにも心あらなも」の**「なも」**をマルで囲む。皆さんがもし文法の知識として、あっ、この**「なも」は奈良時代に使われた願望の終助詞**じゃないか、願望のことばじゃないかというのがわからなかったら、もうアウト。

ここは願望の**「なも」**が下にあるので、これも**限定の「だに」**。「私の好きな三輪山をそんなにも隠すとは何事だ。せめて雲だけでも思いやりがあってほしいなあ。隠していいものだろうか、いやいけない」。そういう歌です。かりに歌の意味がわからなかったとしても、「なも」を知ってたら一発ですよね。知らなかった人は、第②巻で願望の終助詞をまとめますから、しっかりマスターしてください。

最後に残ったのが(イ)です。「雪だに消えなくに都は野辺の若菜摘みけり」。この部分には命令・願望・意志・仮定という四つの表現がないですから、これが正解です。現代語訳は、「この深い山では松の雪さえ消えないことなのに都ではもう春、野辺で若菜を摘んでいるよ」ということ。

ちょっと難しいところもあったけど、何とか解答は出せたんじゃないでしょうか。

空欄補充の「だに」

「だに」について、もう一つ気をつけておいていただきたいことは、**空欄補充の問題**です。空欄補充問題に登場するのは類推の「だに」が多く、限定の「だに」はほとんど出題されません。たとえば、

この問題は小学生だに解く。
[　　]大人は当然解くべきものを。

というような文脈があった場合、皆さんは空欄にどんなことばを入れますか。答えは**「まして」**。**「さえ」と訳す類推の「だに」は、なぜ類推といわれるか。実は、この「だに」は軽いものをあげて、その背後に重いものがあることを類推させる**からなんです。

小学生だに（＝サエ）解く。
（まして）
大人は当然解く。

「小学生でさえ解く」と、もし皆さんが人に言われたら、「大人であるみなさんは当然解けるだろう」というニュアンスを、相手の言った「さえ」ということばに感じるでしょう。

ここでは、**小学生という軽いものをあげて、大人という重いものが当然解けるということを「だに」が類推させている**んですね。

このようにその**軽いものと重いものの間に「まして」をほうりこめ**、という問題がよくあります。「この問題は小学生でさえ解く、（まして）大人は当然解ける」と、「まして」を入れるのは考えたら当り前のことです。だけど入試問題に突然出てきてびっくりしては大変だから、ここで確認しておいたわけです。

「だに〜まして」の呼応、これはぜひ覚えておいてください。

副助詞「さへ」の語源

次に、**副助詞の「さへ」**は、語源が**「添へ」**だろうと言われてるんです。「添へ」が「さへ」に変わった、と。皆さんホンマかいな、という顔をしておられますが、語源というのは、大なり小なりホンマかどうかわからんようなあやしいもんが多いですね。猫はよく寝る子だから「ねこ」とか、犬はすぐ行ってしまうから「いぬ」とかね…。

で、「さへ」の場合も、ほんとかどうかはわからないけれども、語源が「添へ」だと知っておくことは、この助詞の使い方を理解する上では大変役に立ちます。だって**「さへ」の用法は「添加」**だから。

たとえば、「父怒り、母さへとがむ」といったら、「父が怒った」その上に「母までも非難した」という意味で、「母が非難した」ことを「父が怒った」ことの上に「添へ」てある。つまり、添加してあるんですね。だから訳語は**「までも」**。パパの上にママまでも、というわけです。
で、**［問題2］**を見てください。

問題2　**傍線部を口語訳せよ。**

日は暮れかかりて、いともの悲しと思ふに、<u>時雨さへうちそそく</u>。

　さて、「さへ」のところは「時雨までもうちそそく」だけど、これ訳せたかな。この問題のポイントは、まず**「さへ」を「までも」と訳せたか**どうかですね。それともう一つは、「うちそそく」の「うち」とは何か、ということ。**「うち」**とか**「かき」**、**「さし」**、**「たち」**というような語は動詞の頭に接着する言葉ですので、**「接頭語」**と言います。**接頭語は、動詞の頭に乗っかって、その動詞に、あるニュアンスをそれぞれ添えるんですが**、この四つの接頭語は、**入試のときには現代語に置きかえなくてもいい**ということになっています。

　もちろん、置きかえてもかまわない。置きかえてもかまわないけども、これが案外難しいんですよね。上手に置きかえたからといって、よけいに点をくれるのだったらいいけども、一点の得にもならないんです。逆に言えば、**下手な訳し方をしたら減点される**わけですから、**この四つの接頭語が出てきたらむしろ訳出しないほうがかしこい。**

　もちろん訳さないといけない接頭語もありますよ。でも、古文を読んでいてよく目にする「うち」「かき」「さし」「たち」の四つに限っては、口語訳する時にはとっぱずしてしまった方がりこうです。

　この問題でいったら、「うち」はないものと考える。「その上、時雨までもがそそいできた」ということは天からそそいでくるんですから、「降ってきた」ということですね。「時雨までもが降る」、あるいは「降りかかる、降りそそぐ」と訳しても結構。要は、ただ「そそぐ」じゃなくて、**この「降る」という現代語が入っているかどうか**を、採点者は見ています。

ということで、副助詞「だに・すら・さへ」の一番基本的なお話は以上でおしまいにします。

強意の副助詞「し」

文法問題として、副助詞の中で「だに」や「さへ」に負けないぐらいよく出ますのが、**副助詞の「し」**なんです。これは関東、関西、国公立、私立を問わず**よく出る識別問題**ですので、ちょっと気合を入れて**【問題】**に取り組んでみていただけますか。時間は一分。

問題3 **次の「し」を文法的に説明せよ。**

(1) 連歌して帰り給ひぬ。

(2) 今来むと言ひしばかりに長月の有明の月を待ちいでつるかな

(3) から衣きつつなれにしつましあればはるばる来ぬる旅をしぞ思ふ

このうち(1)と(2)はもうやったことですから、わかると思うんですよ、そう言ったら、解答を言っているようなもんだけど…。とりあえず、副助詞の「し」の話を先にしときましょうか。

副助詞の「し」というのが出てきたら、これは〝**強め**〟なんですよ。どんな意味を添えるかといったら、**「し」が付いたことばの意味を強める**。だから、「し」は〝**強意の副助詞**〟と言われます。それなら強意というのは、どう現代語訳したらいいかというと、この「し」については、**記述の解釈問題に出てきたら、これもやっぱり訳さなくてもいい。**

逆に、よく参考書にこんなことが書いてある。強意の副助詞「し」は訳さなくてもいいということは、はずしてしまったって文意は通じるわけですから、**指で押さえて「し」を省いても、文意が通じるような「し」を"強意の副助詞"と判定すればいい。**

あるいは、**省いても文章の意味がちっとも変わらない、文脈が壊れない。そういう「し」を"強意の副助詞"と考えたらいい**と書いてあります。

ですけど、ちょっと困るのは、省いても省かんでも意味がわからない場合もある。難しい和歌の一節なんかでね。そういうことがあるんで、われわれとしては、これだけではちょっと心配です。

そこで、次の知識を身につけておいていただくことにしましょう。**平安時代に強意の副助詞が出てくるときは、形がある程度決まっています。**これはぜひ覚えておいてほしい！

まず一つ目。**「しも」**の「し」に線を引っぱってあったら、その「し」は**強意の副助詞**でしょうね。時には、**「しぞ」**という形も出てきます。**下に「ぞ」があるときの「し」**。だから、(3)の「旅をしぞ思ふ」の「し」は、絶対強意の副助詞にしないといけない。それ以外なりようがない。

それから二つ目。これが案外忘れやすいんですけど、**「AしBば」**という形。文法的に正確な説明のしかたをすると、「し」が出た文節の末尾に、接続助詞「ば」が出るような「し」は、強意の副助詞。「次の文節の末尾」なんて複雑なことといわなくても、「し」が出たちょっと下に「ば」があったら強意の副助詞って覚えといたらいいよ。

たとえば(3)を見ていただいたらわかります。「つましあれば」。あっ、**「AしBば」**の構文だから、「し」は強意の副助詞だ！ それでいいんです。

「君**し**踏みて**ば**」、「名に**し**負は**ば**」、「寒く**し**あれ**ば**」——これらの「し」はすべて強意の副助詞です。その程度のこと。**「AしBば」**ときたときの「し」は強意の副助詞だから、**「訳せ」と言われたら、「し」は取っちゃったらいいね。**

強意の副助詞「し」を含む構文

①「しも」「しぞ」の「し」。 (例) 月はしも見ず。 (例) 旅をしぞ思ふ。

②「AしBば」の「し」。 (例) 君し踏みてば

③“VとしV”の「し」。(同じV) (例)「生きとし生けるもの」

①と②の二つの形が代表的なもので、ごくまれに出題されるのが③。「VとしV」。この構文の特徴は、**VとVが同じ動詞であること**。これ、ちょっと例がないとわかりにくいですね。現代語でも使いますよ。高校生はふつう学校で『古今和歌集』の**「仮名序」**というのを習うんですが、「生きとし生けるもの」というフレーズを聞いたことないですか。「生きとし生けるものいづれか歌を詠まざりける」。「生きとし生けるもの」なんて、今の歌の歌詞にでも出てきそうな言葉ですね。

このときの「し」というのは、**同じ動詞の間に「と」とセットで出てきますから、強意の副助詞。**ほかにたとえば、「ありとしあるもの」とかね。そういう表現のときの、この「し」は強意の副助詞。この③も、強意の副助詞がよく出てくる構文として、受験生ならだれでも知っているはずですから、覚えておいたほうが安心です。

問題に戻りましょう。今の説明でわかると思いますが、(3)の二つの「し」は**強意の副助詞**。それから(1)。この「し」みたいに、「連歌をする」と、**そのまま「する」と訳せる「し」は、今も使うサ行変格活用の動詞「す」の連用形。**(1)**はサ変**と書けていたらマルにしてください。

続いて(2)は、「今来むと言ひしばかりに」。これは動

詞「言ふ」の下にありますから助動詞と考える。「言った」と訳して、**過去の助動詞「き」の連体形**。

副助詞「し」の識別

① **強意の副助詞の「し」** ―― **「しも」「しぞ」「AしBば」「VとしV」**

② **サ行変格活用の動詞「す」の連用形「し」**。

③ **過去の助動詞「き」の連体形「し」**。

同じ文法問題でも、**古文の場合は、量的には英語の十分の一ぐらいしかないですから、よく出る問題は出題者のねらいまであらかじめ頭に入れとくといいです**ね。あとは「しがらみ」の「し」とか、「美し」の「し」とかね。そういう他のことばの一部に線引いてるようなだましの選択肢もよくある。しかし、**原則として、「し」の識別は①、②、③の三つが出ます**。

「し」の識別というのは、出るときにはいつも決まった形で出題されます。

もっと詳しいことは、第②巻の識別のところで掘り下げることにしましょう。**第①巻ではまず、基本の基本を頭にインプットしていただきたいと思います**。

問題1■全訳・答

（光源氏のお母さんの桐壺の更衣は、「更衣」という、帝のお后《きさき》としては低い階級のままで死んだ。帝の后にはグレードがあって、上から中宮（皇后）、女御《にょうご》、更衣とつづく。帝としては最愛の桐壺の更衣を、二番目の）女御とさえ言わせずじまいに終わったことが、もの足りなく残念にお思いにならずにはいられなかったので……。

《答　(イ)》

問題2■全訳・答

日は暮れかかって、ひどく悲しく思っていると、時雨までもぱらぱら降りかかる。

問題3■全訳・答

(1) 連歌をして、お帰りになった。

《答　サ行変格活用の動詞「す」の連用形》

(2) 「今すぐにも行くよ」とあなたが言ってきたばっかりに、九月の長い長い夜を待ち続け、とうとう有明の月が出るのを待ち明かしてしまったことだ。

《答　過去の助動詞「き」の連体形》

(3) なれ親しんだ妻がいるので、遠くはるばるやって来た旅を、しみじみと思いやることだ。

《答　強意の副助詞》

われわれの第①巻の講義も、そろそろこの辺で終わりです。**第②巻**では、基本部分として**第①巻でやり残した助詞とその他の品詞、敬語法**、それから一般の文法書でオマケ扱いされがちな**「識別」**を応用としてきちんと勉強します。

それでは、とりあえず第①巻の講義はここまでにいたしましょう（第②巻に続く）。

巻末付録

文法事項総まとめ

本文中に掲げた「文法事項のまとめ」を総チェックできるように、巻末に再収録しました。ぜひ活用してください。

※下端には本文の掲載ページが付記してあります。

◎講義を始めるにあたって

①名詞（代名詞）…「体言」
②動　詞
③形容詞
④形容動詞
（②〜④）…「用言」

⑤副　詞
⑥連体詞
⑦接続詞
⑧感動詞

⑨助　詞
⑩助動詞

p.2

活用の種類

①四段活用
②上一段活用
③上二段活用
④下一段活用
⑤下二段活用

⑥カ行変格活用
⑦サ行変格活用
⑧ナ行変格活用
⑨ラ行変格活用

p.5

「ず」を付けて見分けるもの

a につく……四段　（例）書か（a）ず
i につく……上二　（例）起き（i）ず
e につく……下二　（例）寝（e）ず

そのまま覚えておくもの

下一……「蹴《け》る」
上一……「きる・みる・にる・いる・ひる・ゐる」（〝き・み・に・い・ひ・ゐる〟と覚える）
カ変……「来《く》」（「〜来」もある→「まうで来」など）
サ変……「す」「おはす」（「〜す」もある→「旅す」「ものす」「感ず」など）
ナ変……「死ぬ」「往《い》ぬ」
ラ変……「あり」「居《を》り」「侍《はべ》り」「いまそかり」

p.6

まる覚えするもの

「来」（カ変）＝「こ・き・く・くる・くれ・こ（よ）」
「す」（サ変）＝「せ・し・す・する・すれ・せよ」
「死ぬ」「往ぬ」（ナ変）＝「な・に・ぬ・ぬる・ぬれ・ね」
「あり」「居り」「侍り」「いまそかり」（ラ変）＝「ら・り・り・る・れ・れ」
「蹴る」（下一）＝「け・け・ける・ける・けれ・けよ」

パターンで覚えるもの

四段＝「a・i・u・u・e・e」
上二＝「i・i・u・uる・uれ・iよ」
下二＝「e・e・u・uる・uれ・eよ」
上一＝「i・i・iる・iる・iれ・iよ」

p.7

◎第1回　用言（動詞・形容詞・形容動詞）のポイント

活用の答え方

p.14

✹「活用の**種類**は？」と問われたら、「**△行○○活用**」と答える。（例）「ヤ**行**上二段**活用**」

✹「**活用形**は？」と問われたら、「□□**形**」と答える。（例）「未然**形**」

活用の種類を誤りやすい動詞

p.17

(1) ア行下二段活用……**得《う》**、**心得《こころう》**、**所得《ところう》**（ふさわしい地位を占める）

(2) ヤ行上二段活用……**老《お》ゆ**、**悔《く》ゆ**、**報《む》ゆ**

(3) ワ行下二段活用……**植《う》う**、**飢《う》う**、**据《す》う**（ものを置く）

現代の感覚とはズレのある動詞

(1) 恨《うら》む……マ行上二段活用
(2) 恋ふ……ハ行上二段活用
(3) 旧《ふ》る……ラ行上二段活用
(4) 飽《あ》く……カ行四段活用
(5) 借る……ラ行四段活用
(6) 足る……ラ行四段活用

p.19

活用の種類を二つ持つ動詞

Ⅴ
四段→そのままの意味（自動詞）
下二段→四段＋使役（他動詞）

（例）「立つ」
四段…「立ツ」
下二段…「立タセル」

p.20

p.21

「頼《たの》む」
四段……「アテニスル」「頼リニスル」
下二段…「アテニサセル・頼リニ思ワセル・」

「被《かづ》く」
四段……「カブル」「褒美《ほうび》ヲイタダク」
下二段…「カブセル・」「褒美ヲ与エル・」

「慰《なぐさ》む」
四段……「気分ガ晴レル」
下二段…「気分ヲ晴ラス・」

形容詞の活用

「ク活用」、「シク活用」の見分け方

"形容詞＋「なる」"
…クなる「ク活用」 (例) 良クなる
…シクなる「シク活用」 (例) 美シクなる

基本形	語幹	未然	連用	終止	連体	已然	命令
良し	良	○	く	し	き	けれ	○
		から	かり	○	かる	○	かれ

（未然～命令：活用語尾）

p.23

形容動詞

活用の種類

(1) ナリ活用…静かなり（和語）

基本形	語幹	未然	連用	終止	連体	已然	命令
静かなり	静か	なら	なり に	なり	なる	なれ	なれ

(2) タリ活用…堂々たり（漢語）

基本形	語幹	未然	連用	終止	連体	已然	命令
堂々たり	堂々	たら	たり と	たり	たる	たれ	たれ

p.28

語幹の用法①

「を・み」構文（和歌のみに使われる！）

A（を）Bみ＝AガBナノデ（Bみ: 語幹）

省略可→（を）

（例）山（を）高み＝山ガ高イノデ

p.31

語幹の用法②

感動文

あな、――（語幹）。＝「アア、――！」

（例）あな、かま。＝〝ああ、うるさい〟の意から「シッ、静カニ！」

p.33

語幹の用法③

高さ（語幹・さ）
おもしろみ（語幹・み）
→ 名詞化

＊語幹に「さ」「み」が付いて名詞化される。

p.35

◎第2回「助動詞」の活用と接続

助動詞の「活用」

(A) 動詞型	四段	むらむ けむ
	下二	るらる すさす しむ つ
	ナ変	ぬ
	ラ変	たりり けり めり なり
(B) 形容詞型		まほし たし べし まじ ごとし
(C) 特殊型		ず き まし

(A)(B)…用言と同じ
(C)…新たに覚える

＊注意……「じ」、「らし」は無変化である。

(A) 動詞型（ラ変型活用）

p.40

助動詞	未然	連用	終止	連体	已然	命令
ラ変	ら	り	り	る	れ	れ
たり	たら	たり	たり	たる	たれ	たれ
り	ら	り	り	る	れ	れ
けり	けら	○	けり	ける	けれ	○
めり	○	めり	めり	める	めれ	○
なり	○	なり	なり	なる	なれ	○

Ⓐ 動詞型（ナ変型活用）

助動詞	未然	連用	終止	連体	已然	命令
ナ変	な	に	ぬ	ぬる	ぬれ	ね
ぬ	な	に	ぬ	ぬる	ぬれ	ね

Ⓐ 動詞型（四段活用・下二段活用）

p.41

助動詞	未然	連用	終止	連体	已然	命令
四段	a	i	u	u	e	e
む	○	○	む	む	め	○
らむ	○	○	らむ	らむ	らめ	○
けむ	○	○	けむ	けむ	けめ	○

助動詞	未然	連用	終止	連体	已然	命令
下二	e	e	u	uる	uれ	eよ
る	れ	れ	る	るる	るれ	れよ
らる	られ	られ	らる	らるる	らるれ	られよ
す	せ	せ	す	する	すれ	せよ
さす	させ	させ	さす	さする	さすれ	させよ
しむ	しめ	しめ	しむ	しむる	しむれ	しめよ
つ	て	て	つ	つる	つれ	てよ

(B) 形容詞型

p.42

助動詞	未然	連用	終止	連体	已然	命令
形容詞	○ / から	く / かり	し / ○	き / かる	けれ / ○	○ / かれ
まほし	○ / まほしから	まほしく / まほしかり	まほし / ○	まほしき / まほしかる	まほしけれ / ○	○
たし	○ / たから	たく / たかり	たし / ○	たき / たかる	たけれ / ○	○
べし	○ / べから	べく / べかり	べし / ○	べき / べかる	べけれ / ○	○
まじ	○ / まじから	まじく / まじかり	まじ / ○	まじき / まじかる	まじけれ / ○	○
ごとし	○	ごとく	ごとし	ごとき	○	○

(C) 特殊型

p.43

助動詞	未然	連用	終止	連体	已然	命令
ず	○ / ざら	ず / ざり	ず / ○	ぬ / ざる	ね / ざれ	○ / ざれ

助動詞	未然	連用	終止	連体	已然	命令
き	せ	○	き	し	しか	○

助動詞	未然	連用	終止	連体	已然	命令
まし	ませ ましか	○	まし	まし	ましか	○

助動詞の「接続」

(1) 未然形

む
ず
じ
まし
まほし
む
らる
す
さす
る
しむ
し
ず
むず

(2) 連用形

たり（完了）
けり
き
つ
たし
ぬ
けむ

(3) 終止形（ラ変型＝連体形）

まじ
めり
なり（伝聞・推定）
らむ
らし
べし

(4) その他

り

なり（断定）
たり（断定）

ごとし

p.47

二つの意味を持つ「なり」と「たり」

〈伝聞・推定〉

	未然	連用	終止	連体	已然	命令
なり	○	なり	なり	なる	なれ	○

〈断定〉

	未然	連用	終止	連体	已然	命令
なり	なら	なり に	なり	なる	なれ	○

p.49

◎第3回　助動詞「き・けり」

「き」・「けり」の意味の違い

☀「き」→直接経験の過去（経験過去）「～タ」

（例）我、食ひき。（私は食べた）

☀「けり」→間接経験の過去（伝聞過去）「～タ・～タソウダ」

（例）彼、食ひけり。（彼は食べたそうだ）

p.54

詠嘆の「けり」

「けり」→〝詠嘆（～タナア・～タコトダ）と判断してよい場合〟 p.58

① 〝なりけり〟の「けり」（断定の助動詞「なり」＋「けり」）
（例）今夜は八月十五日の夜なりけり。

② 〝べかりけり〟の「けり」（推量の助動詞「べし」の連用形「べかり」＋「けり」）
（例）「知らず」とこそ言ふべかりけれ。

③ 和歌中で使われる「けり」
（例）人もなき　むなしき家は　草枕　旅にまさりて　苦しかりけり

④ 会話文中の「けり」（文脈判断が必要）
（例）「げにおもしろく詠みけり」と言ふ。

◎第4回 助動詞「つ・ぬ」「たり・り」
第5回 助動詞「る・らる」

完了の助動詞(1)

☀「つ・ぬ」

①完了「～タ・～テシマッタ」 (例)雨降りぬ。(雨が降った)

②強意「キット～・必ズ～」 (例)雨降りぬべし。(きっと雨が降るだろう)

p.62

「つ・ぬ」が強意になる場合

強意 ~~完了~~

つ　ぬ（推量）

（訳）キット ▷ つ　ぬ
▷ ～ダロウ　～ショウ　etc.

出で来ぬ。（完了）（＝出テ来タ）

吹きぬ（強意）べし（推量）。（＝キット吹クダロウ）

強意	推量
て	む
な	む
つ	べし
ぬ	べし
つ	らむ
ぬ	らむ

強意	推量
て	けむ
に	けむ
つ	めり
ぬ	めり
て	むず
な	むず

p.64

て	な
まし	まし

つ	ぬ
らし	らし

完了の助動詞(2)

たり ←(て・あり)

り ←(あり)

① 完了「～タ」

② 存続「～テイル・～テアル」

※意味の判別…まず②で訳し、現代語として不自然なら①と考える。

p.66

音で見分ける「る・れ」の識別法

☀

サ変の㊍
四段の㊁ ←「e」 り

ら り る れ ……完了

(例) 書け(e)る。

p.71

未 → る

「a」 る れ …… 受身・可能 尊敬・自発

（例）書か（a）る。

	未然	連用	終止	連体	已然	命令
る	れ	れ	る	るる	るれ	れよ
らる	られ	られ	らる	らるる	らるれ	られよ

◎第6回 助動詞「す・さす・しむ」

「す・さす・しむ」の判別法

（意味）①使役「～サセル」
②尊敬「ナサル、オ～ニナル」

p.87

使役 ←**ナイ** （例）人に聞かす。

す
さす
しむ

（尊敬語） ｛給ふ／おはします／まします／らる｝

尊敬 or **使役** ←**アル** （例）大臣、文書かせ給ふ。

（文脈判断）「す・さす・しむ」をとっても文意が通じるかどうか。

⇒
- 通じる時→**尊敬** （例）大臣、筆をとりて文書かせ給ふ。
- 通じない時→**使役** （例）大臣、人に命じて文書かせ給ふ。

	未然	連用	終止	連体	已然	命令
す	せ	せ	す	する	すれ	せよ
さす	させ	させ	さす	さする	さすれ	させよ
しむ	しめ	しめ	しむ	しむる	しむれ	しめよ

軍記物語の特殊用法（合戦の場面）

受身「る・らる」の代わりに使役「す・さす」を用いることがある。

＝武者ことば

訳→「受身」で

文法的説明→「軍記物の特殊用法」

（例）景経《かげつね》、内甲《うちかぶと》を射させてひるむ……

（られ）

p.92

◎第7回 助動詞「む・むず」

「む」の意味

㋜ 推量（〜ダロウ）
㋑ 意志（〜シヨウ）
㋕ 勧誘（〜ガヨイ）

――― む（文末）。

（例）彼、行かむ。
（例）我、行かむ。
（例）汝、行かむ。

㋕ 仮定（モシ〜ナラ、ソノ）（モシ〜ナラ、ソレ）
㋓ 婉曲（〜ヨウナ）＝訳さなくてもよい

――― む（文中）＝（連体形） ―――。

（例）花の咲かむを見る。

（例）師の教へむことを聞け。

p.100

	未然	連用	終止	連体	已然	命令
む	○	○	む（ん）	む（ん）	め	○

文中の「む」

む
助詞……“仮定”と判別！→（例）花の咲かむを見る。（もし花が咲いたなら、それを見る）
名詞……“婉曲”と判別！←（例）師の教へむことを聞け。（師の教える〈ような〉ことを聞け）

p.102

勧誘の構文

① 係り結びの強意の「こそ」を使う→こそ……め
② 強意の助動詞「つ」を使う→てむ
③ 強意の助動詞「ぬ」を使う→なむ

p.105

勧誘「む」の見分け方

チェック①……主格として二人称を入れてみる。
チェック②……勧誘で訳してみる。「〜ガヨイ」
（例）①（あなたは）「花を見てこそ帰り給はめ」②帰りなさるのがよい

p.107

推量の助動詞「むず」

	未然	連用	終止	連体	已然	命令
むず	○	○	むず	むずる	むずれ	○

〝切りすぎ〟に注意！（連体「むずる」・已然「むずれ」）

p.110

◎第8回 助動詞「らむ」「けむ」

「らむ」の用法と意味

らむ（文末）。 → 現在の
- 推量「～イルダロウ」
  （例）奥山に花散るらむ。
- 原因推量「ドウシテ～イルノダロウ」
  （例）花の上に、など雪の降るらむ。

らむ（文中）＝連体形 ――。 → 現在の
- 伝聞「～イルトカイウ」
  （例）唐土《もろこし》に咲くらむ花。
- 婉曲「～イルヨウナ」
  （例）わが庭に咲くらむ花。

p.115

「けむ」の用法と意味

- ――けむ（文末）。
  → 過去の
  - 推量「～タダロウ」
    （例）昔の人は言ひけむ。
  - 原因推量「ドウシテ～タノダロウ」
    （例）など忘れけむ。
- ――けむ＝連体形（文中）――。
  → 過去の
  - 伝聞「～タトカイウ」
    （例）古《いにしへ》にありけむ鳥。
  - 婉曲「～タヨウナ」
    （例）わが言ひけむこと。

p.121

「らむ」の識別

① ――u らむ → 現在推量「らむ」

② ――e ら む → 完了「り」の未然形＋推量「む」

③ ――a ら む → 「～ら」となる活用語の未然形＋推量「む」

p.124

◎第9回　助動詞「らし」「めり」「なり」

「らし」の公式

p.130

☀「らし」→推定「〜ラシイ」

①「らし」はほとんど和歌で用いる。

②

――らし	（根拠）
（根拠）	――らし

「めり」の訳出

p.132

☀（婉曲）推定の助動詞「めり」

※視覚による推定→「（見たところ）〜のようだ」

「なり」の識別(1)

① 名詞 連体形 ｜なり｜ → “断定” 「〜デアル」…語源「に・あり」

(例) 人なり。修行するなり。

② 終止形 ｜なり｜ → “推定” 「〜ヨウダ」…語源「音・あり」

(例) 修行すなり。

p.135

「存在」を表す「なり」の構文

存在の形

｜場所｜ なる ｜名詞｜ …「〜ニアル・〜ニイル」

(例) 山なる木

｜場所｜ なりける ｜名詞｜ …「〜ニアッタ・〜ニイタ」

(例) 山なりける木

p.137

「推定」と「伝聞」の見分け方

☀「推定」〈ようだ〉←文中に〝音の鳴りそうなことば〟があった時。

☀「伝聞」〈そうだ〉←文中に〝音が鳴りそうなことば〟がなかった時。

p.140

「なり」の識別(2)

☀ポイント①……

あ か ざ た な

ン ←る…元の形

なり……伝聞・推定の「なり」と決まり！

(例) あなり → 「あんなり」と読む。「伝聞・推定」と判断！

あんなり → 「伝聞・推定」と判断！

＊ともに、元の形は「あるなり」。

p.143

「なり」の識別(3)

☀ ポイント②…

音声語
鳴く
鳴る
打つ
響く
言ふ

＋なり ―→ 伝聞・推定の「なり」!!

p.146

◎第10回 推量の助動詞ほか

推量の助動詞「まし」の用法

① 反実仮想

A ＋ (未) ませ／ましか／せ ＋ ば B まし。

→「モシA(ダッタ)ナラ、B(ダッタ)ダロウニ」

(例) 色・形あらましかば、うつらざらまし。

p.151

② ためらいの意志
疑問語……まし。→「〜シヨウカシラ・〜シヨウカナ」
(例) 何を書かまし。
③ 推量(≒む)→①、②以外「〜ダロウ」
(例) 雨降らまし。

推量の助動詞「べし」の用法

① 推量「〜ダロウ」
② 意志「〜シヨウ」…… S＝一人称 べし。
③ 可能「〜デキル」…判断しやすい。
④ 当然「〜ハズダ・〜ベキダ」
⑤ 命令「〜セヨ」…… S＝二人称 べし。
⑥ 適当「〜ガヨイ・〜ガ適当ダ」…〝比較・選択〟の形。

p.154

推量の助動詞「じ」の用法

①打消推量「～ナイダロウ」
②打消意志「～ナイツモリダ」

p.160

「じ」の意味の判別法

じ
- S＝一人称……打消意志（例）我、行かじ。
- S＝右以外……打消推量（例）雨、降らじ。

p.161

推量の助動詞「まじ」の用法

「べし」「まじ」（ず＋べし）

①推　量→打消推量「～ナイダロウ」
②意　志→打消意志「～ナイツモリダ」
③可　能→不可能「～デキナイ」

p.161

④ 当然 → 打消当然「～ハズガナイ」「～ベキデナイ」

⑤ 命令 → 禁止「～テハイケナイ」

⑥ 適当 → 不適当「～テヨイハズガナイ」

「まほし・たし」の用法

☀ 希望「～タイ、～テホシイ」（例）聞かまほし。
聞きたし。

p.163

「ごとし」の用法

☀ 比況（たとえ）

「ごとくなり」「やうなり」（ヨウダ）（例）光陰、矢のごとし。

p.164

「たり」の用法

☀ 体言に接続…「デアル、ダ」（漢文調の文章で使われる）

（例）臣たる者の心得なり。

p.164

◎第11回 格助詞

格助詞「の」の用法

① 連体修飾格「ノ」

体言 の……体言

（例）人 の 文（人の手紙）

② 主格「ガ」

体言 の……用言

（例）人 の 言ふ（人が言う）

p.170

格助詞「の」の変則用法

① **準体格「ノモノ」**

体言 の （体言）

＊**「体言の代用」、「準体助詞」**ともいい、**一般に「〜のもの」を補って訳す。**

（例）ぼくの（もの）だ

② **同格「デ」**

体言 の … 用言（＝**連体形**） **体言**（**同じ体言が補える**）

（例）人 の丈《たけ》 高き（＝連体形） 人、走る。（人で背の高い**人が**走る）

p.172

連用格（比喩）の「の」

「ノヨウニ」

＝

☀ **散文→例の……用言**

（例）例の集まりぬ。

☀ **和歌→序詞を導く「の」**

五　七　五　七　七

（五・七の後の「の」「の」＝「ノヨウニ」）

（例）あしひきの　山鳥の尾の　しだり尾の　長々し夜を　一人かも寝む

p.175

格助詞「が」の用法

① **連体修飾格「ノ」**

体言　が　体言

（例）梅が枝（梅の枝）

※**準体格（体言の代用）「ノモノ」**

（例）この歌は、ある人のいはく、大伴黒主が（歌）なり。

（この歌は、ある人が言うことには、大伴黒主の歌である）

p.179

② 主　格「ガ」

体言 が **用言**

(例) 雀の子を犬君《いぬき》が逃がしつる。(雀の子を犬君が逃がしてしまったの)

※同　格「デ」

「より」の覚えておきたい三つの用法

① 経過点「～ヲ通ッテ」

(例) 木の間より洩り来る月の影。(木の間を通って…)

▽「～カラ」(起点) と訳せたら内容吟味!!

② 手段・方法「～デ」

(例) ただ一人かちより詣でけり。(ただ一人、徒歩で…)

▽「徒歩《かち》より」の形に注意。

③ 即　時「～スルヤイナヤ」

(例) 門引き入るるよりけはひあはれなり。(門に引き入れるやいなや…)

▽「―㊀体より」の形をとる。

p.183

格助詞「して」の三つの用法

① 共同「〜ト共ニ」
(例) もとより友とする人、ひとりふたりして行きけり。(以前から友人としていた人、一人二人と共に行った)

② 手段・方法「〜デ」
(例) そこなりける岩に、およびの血して書きつけける。(そこにあった岩に、指の血で書きつけたのだった)

③ 使役の対象「〜ニ命ジテ」
(例) かたはらなる人して言はすれば……。(そばにいる人〈女房〉に命じて言わせたところ……)

p.185

◎第12回 接続助詞

接続助詞「ながら」の用法

① 逆接「ノニ」
(例) 冬ながら花の散りくる。(冬なのに花が散ってくる)

② 同時「ナガラ」
(例) 食ひながら文をも読みけり。(食べながら書物をも読んだ)

p.189

③ その他「～ノママ」「全部、～中」
（例）居ながら眠《ねむ》る。（座ったまま眠る）
一年ながらをかし。（一年中趣がある）

接続助詞「ば」の用法

☀ 仮定条件…未然形＋ば「モシ～ナラバ」（例）雨降らば
☀ 確定条件…已然形＋ば（例）雨降れば
① 原因・理由「ノデ・カラ」
② 偶然条件「トコロ・ト」
③ 恒常条件「トイツモ」

p.190

接続助詞「に・を」の用法

① 順　接「ノデ・カラ」→雨降るに（を）我行かず。
② 逆　接「ノニ・ケレド」→雨降るに（を）我行く。
③ 単純接続「トコロ・ト」→野を行くに（を）雨降る。

p.193

「て」と「で」の区別

て　用「〜テ」

（例）思ひて言う。（思って言う）

で　未（ず＋て）「〜ナイデ」＝打消接続

（例）言はで思ふ。（言わないで思う）

p.196

接続助詞「つつ」の用法

① 反　復「〜テハ〜」

② 継　続「〜シツヅケテ」

＊同　時「〜ナガラ」

p.197

接続助詞「つつ」の特記事項

五—七—五—七—七 つつ → 詠嘆「〜ダナア」「〜ナコトダ」

（例）田子の浦にうち出でてみれば白妙の富士の高嶺に雪はふりつつ

p.199

接続助詞「もの」系統の用法

- ものの
- ものゆゑ
- ものから
- ものを

逆接「〜ノニ」「〜ケレド」

p.200

◎第13回 副助詞

副助詞「だに・すら・さへ」の原則

- 「だに」「すら」…「サエ」（類推）／「だに」には「セメテ〜ダケデモ」（限定）の意もあり。
- 「さへ」…「マデモ」（添加）

p.205

副助詞「だに」の限定用法

- 「だに」…命令・願望／意志・仮定 →「セメテ〜ダケデモ」（限定）

（例）鳥だに鳴け（命令）。（せめて鳥だけでも鳴け）
花だに見ばや（願望）。（せめて花だけでも見たい）
月だに見む（意志）。（せめて月だけでも見よう）
風だにやまば（仮定）、うれしからむ。（せめて風だけでもやんだならば、うれしいだろう）

p.207

強意の副助詞「し」を含む構文

①「しも」「しぞ」の「し」。 (例)月はしも見ず。 (例)旅をしぞ思ふ。

②「AしBば」の「し」。 (例)君し踏みてば

③〝VとしV〟(同じV)の「し」。 (例)「生きとし生けるもの」

p.214

副助詞「し」の識別

① 強意の副助詞の「し」
- 「しも」「しぞ」
- 「AしBば」
- 「VとしV」

② サ行変格活用の動詞「す」の連用形「し」。

③ 過去の助動詞「き」の連体形「し」。

p.215

望月 光 *Kou MOCHIZUKI*

代々木ゼミナール講師
神戸大学文学部，同大学院博士課程修了

「どんな人間にも１つは取柄《とりえ》というものがあるとしたら，自分の取柄は古文を楽しく教えられることかもしれない，そう思ってこの仕事を続けています」と語る著者は，10代で教壇に立つ。古典との付き合いは，歌舞伎や文楽で古語を覚えた子供時代に遡《さかのぼ》る。洋々たる書家の道を片方の眼でとらえ，一方の眼は“ほんとにわからない子を救ってあげることが私の役割”と教師たる自分の天稟《てんぴん》の資質を見据える。本書が常に，初心者の理解を慮《おもんぱか》る所以《ゆえん》である。

*　　　*　　　*

著書：『望月光のトークで攻略古典文法 Vol.1・Vol.2』，『センター試験望月光古文［センター国語］講義の実況中継』，『高１からの望月古文講義の実況中継』（以上，語学春秋社）。『基礎から学べる入試古文文法』，『ハイレベル古文』（以上，代々木ライブラリー）など多数。

BI01CF/D-F/Si

教科書をよむ前によむ! 3日で読める!

実況中継シリーズがパワーアップ!!

シリーズ売上累計1,000万部を超えるベストセラー参考書『実況中継』が，新しい装丁になって続々登場！ ますますわかりやすくなって，使いやすさも抜群です。

英語

定価：本体(各)1,200円+税

山口俊治
英文法講義の実況中継①／② <増補改訂版>

「英語のしくみ」がとことんわかりやすく，どんな問題も百発百中解ける，伝説の英文法参考書『山口英文法講義の実況中継』をリニューアル! 入試頻出900題を収めた別冊付き。問題が「解ける喜び」を実感できます。

定価：本体1,300円+税

小森清久
英文法・語法問題講義の実況中継

文法・語法・熟語・イディオム・発音・アクセント・会話表現の入試必出7ジャンル対策を1冊にまとめた決定版。ポイントを押さえた詳しい解説と1050問の最新の頻出問題で，理解力と解答力が同時に身につきます。

定価：本体1,500円+税

登木健司
難関大英語長文講義の実況中継

科学・哲学・思想など難関大入試頻出のテーマを取り上げ，抽象的で難しい英文を読みこなすために必要な「アタマの働かせ方」を徹底講義します。長文読解のスキルをぎゅっと凝縮した，別冊「読解公式のまとめ」付き!

定価：本体1,200円+税

西きょうじ
図解英文読解講義の実況中継

高校1,2年生レベルの文章から始めて，最後には入試レベルの論説文を読み解くところまで読解力を引き上げます。英文を読むための基本事項を1つひとつマスターしながら進むので，無理なく実力がUPします。

定価：本体1,200円+税

大矢復
英作文講義の実況中継

日本語的発想のまま英文を書くと，正しい英文とズレが生じて入試では命取り。その原因—誰もが誤解しがちな“文法”“単語”—を明らかにして，入試英作文を完全攻略します。自由英作文対策も万全。

実況中継シリーズ

英語

大矢復
図解英語構文講義の実況中継

定価：本体1,200円+税

高校生になったとたんに英文が読めなくなった人におすすめ。英文の仕組みをヴィジュアルに解説するので，文構造がスッキリわかって，一番大事な部分がハッキリつかめるようになります。

センター試験 石井雅勇 CD2枚付
リスニング講義の実況中継<改訂第2版>

定価：本体1,600円+税

センター試験を分析し，その特徴と対策を凝縮した1冊。予想問題で本番と同じ雰囲気も味わえます。日本人とネイティヴの音の違いをまとめた「速効耳トレ!」パートも分かりやすいと評判です。「新傾向問題」対策も収録。

国語

出口汪
現代文講義の実況中継①～③ <改訂版>

定価：本体（各）1,200円+税

従来，「センス・感覚」で解くものとされた現代文に，「論理的読解法」という一貫した解き方を提示し，革命を起こした現代文参考書のパイオニア。だれもが高得点を取ることが可能になった手法を一挙公開。

センター試験 出口汪
現代文[センター国語]講義の実況中継<改訂第4版>

定価：本体1,400円+税

本書によって，論理的な読解法を身につければ，センターで満点を取ることが可能です。あまり現代文に時間を割くことができない理系の受験生には，ぜひ活用して欲しい一冊です。

望月光
古典文法講義の実況中継①/② <改訂第3版>

定価：本体（各）1,300円+税

初心者にもわかりやすい文法の参考書がここにある!文法は何をどう覚え，覚えたことがどう役に立ち，何が必要で何がいらないかを明らかにした本書で，受験文法をスイスイ攻略しよう!

実況中継シリーズ

国語

センター試験 **望月光**　定価：本体1,400円+税

古文［センター国語］講義の実況中継 <改訂第3版>

センター古文征服のカギとなる「単語」と「文法」を効率よく学べます。さらに「和歌修辞」や「識別」など必修の古文知識をまとめた別冊“古文知識集”付き。ALL IN ONEの内容の本書で高得点を獲得しよう。

山村由美子　定価：本体1,200円+税

図解古文読解講義の実況中継

古文のプロが時間と労力をかけてあみだした正しく読解をするための公式“ワザ85”を大公開。「なんとなく読んでいた」→「自信を持って読めた」→「高得点GET」の流れが本書で確立します。

地歴

石川晶康　CD付　定価：①・②本体（各）1,200円+税　③・④本体（各）1,300円+税

日本史B講義の実況中継①～④

日本史参考書の定番『石川日本史講義の実況中継』が，改訂版全4巻となって登場!文化史も時代ごとに含まれ学習しやすくなりました。さらに，「別冊講義ノート」と「年表トークCD」で，実際の授業環境を再現!日本史が得点源に変わります!

青木裕司　CD付　定価：①・②本体（各）1,300円+税　③本体1,400円+税　④本体1,500円+税

世界史B講義の実況中継①～④

受験世界史の範囲を「文化史」も含め，全4巻で完全網羅。歴史の流れが速習できる「別冊講義プリント」&「年表トークCD」付き!定期テストから国公立大2次試験対策まで，幅広く活用できるようにまとめた至極の参考書です!

センター試験 **瀬川聡**　定価：本体（各）1,400円+税

地理B講義の実況中継①［系統地理編］／②［地誌編］

どんな問題が出題されても，地形，気候，資源，人口，産業などを論理的に分析して確実に正答を導き出す力，つまり「地理的思考力」を徹底的に磨き，解答のプロセスを完全マスターするための超実戦型講義です! さらに，3色刷で地図や統計が見やすく，わかりやすくなりました。

実況中継シリーズ

公民

センター試験 **川本和彦**

定価：本体1,500円+税

政治・経済講義の実況中継

政治や経済の根本的なメカニズムを「そもそも」のレベルからとことんわかりやすく解説! 過去問から厳選した超頻出の〈誤り選択肢〉を随所に挿入し，出題者の“ワナ”に引っかからないための対策をバッチリ提供します。

理科

浜島清利

定価：本体 2,100円+税

物理講義の実況中継［物理基礎+物理］

力学・熱・波動・電磁気・原子の5ジャンルをまとめて収録。物理で大切な「着眼力」を身につけ，精選された良問で応用力まで爆発的に飛躍します。1問ごとにパワーアップを実感できる1冊です。

小川仁志

定価：本体 2,300円+税

化学［理論・無機・有機］講義の実況中継［化学基礎+化学］

理論・無機・有機の3ジャンルを1冊にまとめた完全版。高校化学の学習はもちろん，難関大学の入試対策を考慮した『より実戦的な参考書』となっています。受験生の苦手な論述問題対策もカバーした充実の内容です。

センター試験 **安藤雅彦**

定価：本体1,700円+税

地学基礎講義の実況中継 <改訂第2版>

教科書に完全準拠し，地学基礎の全範囲を講義した，決定版参考書。覚えるべき重要事項から，考察問題・計算問題の解法まで，わかりやすく示してあります。センターで高得点をとりたい人，独学者にオススメ!

実況中継シリーズは順次刊行予定! 詳しくはホームページで!

http://goshun.com 語学春秋 検索

2017年10月現在

聞けば「わかる！」「おぼえる！」「力になる！」

スーパー指導でスピード学習!!

実況中継CD-ROMブックス

※CD-ROMのご利用にはMP3データを再生できるパソコン環境が必要です。

科目別シリーズ

山口俊治のトークで攻略 英文法 フル解説エクササイズ
練習問題（大学入試過去問）&CD-ROM（音声収録 1200分） ●定価（本体2,700円+税）

出口汪のトークで攻略 現代文 Vol. 1・Vol. 2
練習問題（大学入試過去問）&CD-ROM（音声収録 各500分）

望月光のトークで攻略 古典文法 Vol. 1・Vol. 2
練習問題（基本問題＋入試実戦問題）&CD-ROM（音声収録 各600分）

石川晶康のトークで攻略 日本史B Vol. 1・Vol. 2
空欄補充型サブノート&CD-ROM（音声収録 各800分）

青木裕司のトークで攻略 世界史B Vol. 1・Vol. 2
空欄補充型サブノート&CD-ROM（音声収録 各720分） 以上，●定価／各冊（本体1,500円+税）

センター攻略

瀬川聡のトークで攻略 センター地理B塾 ①〈系統地理編〉②〈地誌編〉
練習問題（センター試験過去問）&CD-ROM（音声収録330分） ●定価／各冊（本体1,300円+税）

大学別英語塾

西きょうじのトークで攻略 東大への英語塾
練習問題（東大入試過去問）&CD-ROM（音声収録550分） ●定価（本体1,800円+税）

竹岡広信のトークで攻略 京大への英語塾 改訂第2版
練習問題（京大入試過去問）&CD-ROM（音声収録600分） ●定価（本体1,800円+税）

二本柳啓文のトークで攻略 早大への英語塾
練習問題（早大入試過去問）&CD-ROM（音声収録600分） ●定価（本体1,600円+税）

西川彰一のトークで攻略 慶大への英語塾
練習問題（慶大入試過去問）&CD-ROM（音声収録630分） ●定価（本体1,800円+税）

実況中継CD-ROMブックスは順次刊行いたします。 2017年10月現在

既刊各冊の音声を聞くことができます。 http://goshun.com 語学春秋 検索